キャリアデザイン研修 実践ワークブック

PRACTICE WORKBOOK FOR CAREER DESIGN DEVELOPMENT

若手・中堅社員の成長のために

ライフデザイン研究所 所長
畔柳 修 ●著
Kuroyanagi Osamu

金子書房

まえがき

　私たちは、人生という名の列車に乗車しています。それぞれ行き先や行き方はバラバラです。特急列車で到着駅に急ぐ人もあれば、のんびりと各駅列車で向かう人もいます。
　さて、あなたの行き先はどちらでしょうか。
　車掌さんが「切符を拝見します」と言ってきた際に、切符には行き先（目標やビジョン）がはっきりと記されているでしょうか。行き先表示のない切符を持ち、まるで山手線のように、同じところをグルグルと回っているようなことはないでしょうか。
　また、切符に記す行き先はワクワクする到着駅でしょうか。
　当たり前のことですが、私たちの人生は、他人が代わって歩むことはできません。自分の人生こそ、自分が責任を持って生きることのできるものです。だからこそ、自分の切符の行き先に責任を持つ必要があります。
　行き先がしっかりと記されると、そのためにはどのように経由してどのくらいのゆとりをもって移動したらよいかが、はっきりしてきます。特急に乗りながら駅弁をほおばったり、急行と各駅列車を乗り継いで、車窓からの景色を楽しんだり……と、闇雲に焦ることもなく、その過程を楽しむこともできます。
　人生という名の列車は引き返すことはおろか、停車することもできません。そして、はっきりしていることは、私たちは必ずや終着駅にたどり着くということです。その終着駅が本当に自分の望んだ駅であるかどうかは、あなたが走ってきた軌道が決めてくれます。

　今の時代、目標やビジョンを持たなくても何とか生活することはできます。しかし、物質的に豊かな時代になった今だからこそ、しつこいほど「ビジョンは？」「目標は？」と問い続けなければ、自分の居場所がわからなくなってしまう時代でもあるのです。

> 夢・ビジョンは、私たちを耀かせます
> 夢・ビジョンは、私たちを本気にします
> 夢・ビジョンは、私たちをやる気にします
> 夢・ビジョンは、私たちを元気にします
> 夢・ビジョンは、私たちを大きくします
> 夢・ビジョンは、私たちを豊かにします
> 夢・ビジョンは、私たちを魅力的にします
> 夢・ビジョンは、私たちを生まれかわらせます

　本書は、15年ほど前から毎年100日以上の依頼をいただいてきたキャリアデザイン研修の実践の一部をご紹介することで、キャリアを創造するヒントをご提供できればとの想いから書き綴ったワーク集です。

　働くことを通して、いかに人生を豊かに充実させるか、働き方や生き方を見つめる一助となれば幸いです。

ライフデザイン研究所
畔柳　修（くろやなぎ　おさむ）

キャリアデザイン研修　実践ワークブック
若手・中堅社員の成長のために

目　次

まえがき……i

第1章
キャリアを切り拓く重要性とキャリア論……2

キャリアを取り巻くビジネス環境……2

キャリアとは／キャリア開発とは……3

自己理解（自己洞察）の方法……5

やりがいに通じる内的キャリア……9

第2章
キャリアデザイン研修に求められる受講姿勢・受講態度……12

デザインを湧き立たせる　"拡散思考"から"収束思考"へ……12

ミニワーク① だまし絵……14

ミニワーク② ブレーンストーミング……15

ミニワーク③ ペアで競争……16

ミニワーク④ アイスブレイク：物にたとえて自己紹介……17

ミニワーク⑤ アイスブレイク：キャリアテーマでキャッチボール……18

コーチになって、仲間の可能性を引き出す……19

キャリアデザインを阻害するもの……21

第3章
やれること"SEEDS"の自己理解……22

キャリア開発のステップ…………22
キャリア・アンカーとは──あなたがキャリアで重視するもの…………24
- **ワーク①** キャリアの軌跡＆キャリア・アンカーの自己理解…………27
- **ワーク②** グループ・アンカーインタビュー…………35
- **ワーク③** イメージ遊び…………39
- **ワーク④** バリューカードを活用して価値観を探り出そう…………42

家庭におけるバリューカードの活用…………47
キャリア・アンカーにこだわりつつ、こだわりすぎない…………49
- **ワーク⑤** ワクワク＆ウキウキの列挙…………51
- **ワーク⑥** 上司・先輩・同僚からのフィードバック（事前課題）…………54
- **ワーク⑦** 働く意味、仕事の価値…………64
- **ワーク⑧** スキルマトリックス…………69

自分自身でいられる上質な時間"散歩"のプレゼント…………72

第4章
やるべきこと"NEEDS"の自己理解……74

- **ワーク①** ワールド・カフェ「フィールド（活躍する場）を知る」…………74
- **ワーク②** 「ワーク・シフト」から未来想像…………77
- **ワーク③** SWOT分析＆4つの自己対策…………81
- **ワーク④** 周囲からの期待…………84

第5章
やりたいこと"WANTS"の自己理解 ……………… 88

- **ワーク❶** 人づくり人つなぎMAP…………88
  - ヒューマン・ネットワークは固定ファンづくりから…………92
  - 正しい距離感を見極める…………93
  - 人脈は広げるよりも広がるもの…………93
- **ワーク❷** キャリア・ビジョンの創造──想いを描く…………95
  - キャリア・ビジョンは「想いを描く」力…………98
  - 湧きあがってくる健全な違和感を大切にする…………100

第6章
"WILL"強い意志をもって未来を拓く ……………… 102

- **ワーク❶** 仲間によるブレスト会議…………102
  - 目標設定の5つの条件…………108
  - チャンスは動いて待て…………110
  - ヨコとの比較からタテとの比較へ…………110
  - 成功は成功の母…………112
  - 今日のWANTSは、明日へのプレゼント…………112
  - ビジョンは他者に語る分だけ大きくなる…………114
  - 失敗は成功の母…………114
  - 風景を楽しみながら旅をする…………115

あとがき……116
参考図書……118

キャリアデザイン研修　実践ワークブック
若手・中堅社員の成長のために

第1章 キャリアを切り拓く重要性とキャリア論

キャリアを取り巻くビジネス環境

　バブル崩壊まで、長期雇用を前提とした定期採用、年功序列、終身雇用制度などの日本的雇用慣行の下で形成された人事制度が定着し、「ゆりかごから墓場まで」という理念のもとで個人のキャリアを会社が肩代わりしてきました。

　そのため入社すれば、キャリア形成からライフスタイルまで、企業に「おんぶにだっこ式」の職業人生が当然視されていました。

　しかし、バブルの崩壊を機に日本的雇用慣行が終焉し、"自律型社員"というキーワードのもと、自分のキャリアは自らの手でつくり上げていくという生き方が求められてきています。

社員と会社の新しい関係

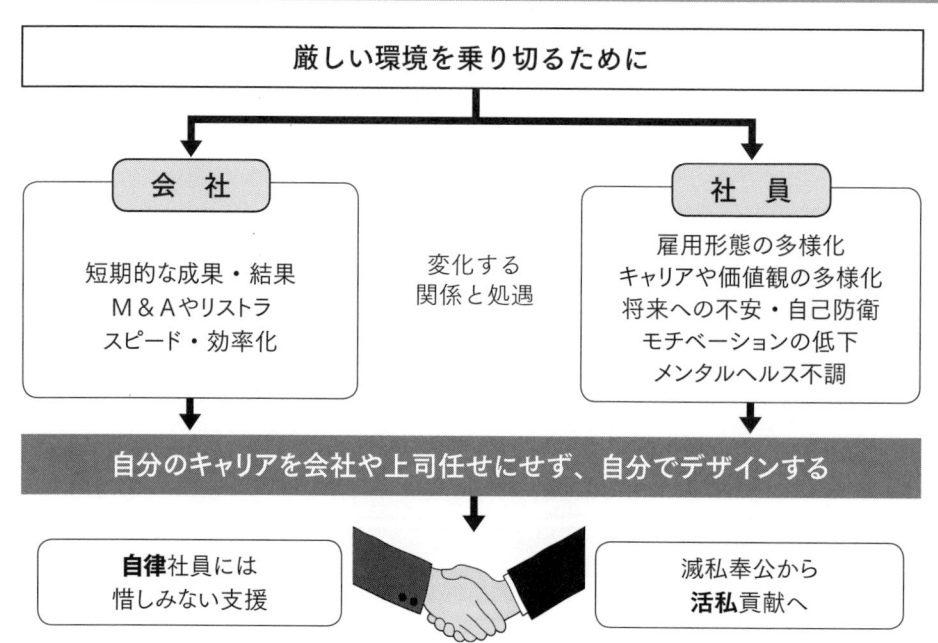

安定した収入や雇用を懐かしむ中高年や羨む若手の声を聞きますが、終身雇用の緩みは、私たちに「不安よりも選択の喜びを、辛抱よりも楽しみを与えるもの」ととらえたほうが健全ではないかと思います。

労働市場の流動化、人材マネジメントの個別化、就業意識の多様化などにより、会社と社員の関係が変わり、キャリアを会社任せにする時代は終わったという状況下では、どのようなキャリアを歩みたいのかを自分自身に問い続けていかなければなりません。働く環境が不安定であるからこそ、核となる自分自身のキャリアに対する羅針盤を持つことがいっそう重要になってきました。

> 「労働者は組織よりも長命であって、しかも移動自由な存在である。その結果、彼ら働く者が自己をマネジメントしなければならなくなったということは、人間社会において1つの革命がもたらされることを意味している」
> （ピーター・ドラッカー）

キャリアとは／キャリア開発とは

ところで、キャリアとは、そもそも何でしょうか。どのような意味を持つものでしょうか。

キャリアというと一般的には、職歴や経歴を思い浮かべる人が多いように思いますが、もともとの語源は、ラテン語で「轍」(わだち)（馬車が通り過ぎた後に残る車輪の跡）を意味しています。そこには、前進する人が築いた跡という意味合いがあり、キャリアとは「人生の中で積み重ねてきた経験」+「未来像」といえます。

専門家の考えるキャリアの定義

アメリカのキャリアの研究者であるドナルド・E・スーパー（Super, D. E. 1910～1994）は、「生涯においてある個人が果たす一連の役割、およびその役割の組み合わせである」と述べています。スーパーのキャリアに対する定義は、狭い定義（役職だけというような）だけではなく、キャリアというものは、個人が生涯にわたって仕事や社会とどのように向き合い、どのようにかかわっていくのかということすべてがキャリアであるという、もっと広い定義があるということを示唆しています。

つまり、キャリアとは、単にどのような職務に就くかということだけでなく、仕事や人生の生き方すべてを包括する（生き方全体を含んだ）概念といえ、「キャリアとは仕事の視点から見た人生である」（仕事人生　Working Life）を指しています。

D・ホールは、「あるひとの生涯にわたる期間における、仕事関連の諸経験や諸活動と結びついた態度や行動における個人的に知覚された連続」と定義しています。また、D・フェルドマンは、「個人が仕事生活の全体を通して担う職務の連続」をキャリアと呼んでいます。

神戸大学の金井壽宏(としひろ)教授は、キャリアとは「長い目で見た仕事生活のパターン」とし、成人になってフルタイムで働き始めて以降、生活ないし人生全体を基盤にして繰り広げられる、長期的な（通常は何

> 十年にも及ぶ）仕事生活における具体的な職務・職種・職能での諸経験の連続と、大きな節目での選択が生み出していく階層的意味づけ（とりわけ、一見すると連続性が低い経験と経験の間の意味づけや統合）と将来構想・展望のパターンと述べています。
> 　慶應義塾大学の花田光世教授は、キャリアとは「過去・現在・将来に亘り、継続的な、より深い自分自身への気づきを通して、自分らしさの発揮を、スキルの獲得と発揮・仕事やビジネス活動への参画・社会活動への参画、豊かに生きる活動の実践などを通して、能動的に行為する一連のプロセス」と定義しています。そのためには、気づき（自分らしさを発見していくプロセス）、自分らしさの発揮（変化する環境の中で、一段深い自分自身の理解と、必要とされている自分の役割に能動的に対応し、自分自身の新たな役割を求め続けること）、行為（主体的な意志をもった活動）の大切さを述べています。
> 　厚生労働省の「キャリア形成を支援する労働市場政策研究会」報告書では、キャリアとは「一般に『経歴』、『経験』、『発展』、さらには『関連した職務の連鎖』等」と表現され、時間的持続性ないしは継続性を持った概念とされています。キャリアを積んだ結果として、職業能力が蓄積されていくものととらえています。

　筆者が主宰するライフデザイン研究所では、企業内研修において、キャリアとは、「仕事を中心とした、その人自身の人生の生き方そのものとその表現のしかた」と定義しています。
　また、キャリア開発（キャリア・ディベロップメント）とは、「働くこととかかわりながら、自分はどのように生きていくかを考え、自分のゴールを設定し、『なりたい姿・ありたい自分』を実現していくこと」と定義づけています。
　安易な表現になりますが、「自分らしい充実した仕事人生」をどう切り拓いていくかとも言い換えることができます。この「自分らしく」は、「自分らしい仕事に就きたい」「自分らしい活躍がしたい」「自分らしく働きたい」など、誰しもが気軽に用いるキーワードになっています。
　さて、あなたが「あなたらしさとは何ですか？」と尋ねられたとしたら明確に即答できるでしょうか。たいていの人は、わかっているつもりでわかっていないことに気づくのではないでしょうか。

キャリアとは／キャリア開発とは

❖ キャリアの定義
「仕事を中心とした、その人自身の人生の**生き方そのもの**とその表現のしかた」

❖ キャリア開発とは
「働くこととかかわりながら、**自分はどのように生きていくか**を考え、**自分のゴール**を設定し、"**なりたい姿・ありたい自分**"を実現していくこと」

また、「あなたの強みを3つ聞かせてください」「あなたの大切にしていることは何ですか？」と、問いかけられたらいかがでしょうか？　おそらく、即答できる人は少ないでしょう。

誰しもが「自分らしく充実した仕事人生を過ごしたい」と願いますが、自分がわからなければ、自分らしく活躍しようがありません。まず、自分らしい充実した仕事人生を過ごすためには、自分らしさを知ることです。自己理解なくして、キャリアを開発することはできないのです。

よくキャリアはマラソンにたとえられますが、マラソンという長い時間幅で仕事上の歩みを自分なりに構想し計画しようとすることを、キャリアデザインといいます。

「流されて生きるか」「自分で切り拓いていく人生を生きるか」を決めるのは、この自分を見つめる作業を厭わないことに尽きます。

> 現代人はどんなことでも知っている。ただ、自分のことを知らないだけだ。現代人には外にばかり眼がついていて、内に眼がついていない。
> 　　　　　　　　　　　　　　　　　　　　　　　　　　　　（アーノルド・トィンビー）

自己理解（自己洞察）の方法

自己を理解するには、どうすればよいのでしょうか？

いくつかの方法がありますが、その一部を紹介します。

1つ目は、過去から現在までをふりかえり、自分と対話を繰り返し、客観的に分析するという作業です。キャリアデザイン研修では、「キャリアの軌跡」というワークが該当します。ふりかえり（整理）の過程で、自分の強みや価値観などを明確にします。この時間帯は、じっくりと自分と向き合い、もがくこと、あがくことが大切です。

2つ目は、信頼性や妥当性の高い心理テストや適性検査などで、自分を見つめる方法です。「あなたの強みは○○です」「あなたの改善点は□□です」といった結果から、気づきを得たり、自分

自己理解（自己洞察）の方法

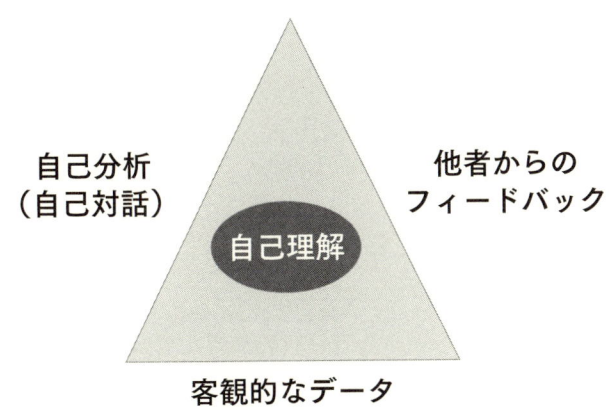

の理解を深めたりすることができます。筆者は、対象者の状況や予算などを考慮し、6つほどの方法（心理アセスメント）の中から選択していますが、本書では、取り扱いません。

　3つ目は、周囲からフィードバックをもらうことです。「あなたのキャリアの軌跡を聞いて、わたしは○○がとても強みに感じます。また、今朝からご一緒していて、ずっと○○がすごいな！と感じていました」などとフィードバックをプレゼントされると、「そんなふうに思ってもみなかった」「人にはそう見えるんだなぁ」と、自己洞察が得られます。

　自己理解の過程は、さまざまな他者とのかかわりの中で自分らしさを紡いでいく過程なのですが、なぜか他者と距離（壁）をおいて自室にこもって黙々……とイメージする人が多いようです。
　確かに山ごもりをして、座禅や瞑想をしながら、自己を見つめることは素晴らしいことです。しかし、キャリアを見つめ、デザインするという集合研修では、グループ（4人から6人）で自己開示やフィードバックを繰り返しながら進行することが最適ではないかと考えています。

　イギリスの作家チェスタートンは、次の言葉を残しています。
「人は宇宙を知っているかもしれない。しかし自己は知らない。自己はどんな星よりも遠い」と。
　科学技術が進歩し、多くの事象が解明できるようになりましたが、自分のことをはたしてどれだけ知っているでしょうか。自分の行いも態度も、まわりの人には見えても、自分の目で見ることはできません。
　河井寛次郎氏は、「此の世は自分をさがしに来たところ　此の世は自分を見に来たところ」と述べています。

ジョハリのこころの4つの窓

　ジョハリの窓は、ジョー・ルフトとハリー・イングラム（Joe Luft&Harry Ingram）が発案したもので、私たちの複雑なこころを4つの窓で表しています。

		自分が	
		知っている	知らない
他人に	知られている	①開かれた窓	③気づかない窓
	知られていない	②隠している窓	④未知の窓

①開かれた窓………行動・感情及び動機について、自分にも他人にも十分理解されている領域。
②隠している窓……行動・感情及び動機について、自分だけが理解していて他人にはよくわからない領域。

③気づかない窓……行動・感情及び動機について、自分にはよくわからないが、他人にだけ知られている領域。
④未知の窓…………行動・感情及び動機について、自分にも他人にも十分理解されていない領域。

【それぞれの窓の特徴】
①開かれた窓　：自由に行動できる領域で、この領域を広げることが自己実現や自己の成長につながります。
②隠している窓：自分の嫌な面や弱みなどを意識的に隠して、他人から気づかれないようにしています。
③気づかない窓：自分は意識していないが、それでも自分の一部であり、他人には伝わっている領域です。
　　　　　　　たとえば、真っ赤な顔をして、拳を振り上げているのに、「おれは冷静に話している」という場合などです。
④未知の窓　　：未知の領域であり、たとえば、非常に深く抑圧された感情や衝動、隠された才能などがあります。
この「こころの4つの窓」を持ちながら、私たちは常に対人関係を営んでいます。

【「開かれた窓」の拡大】

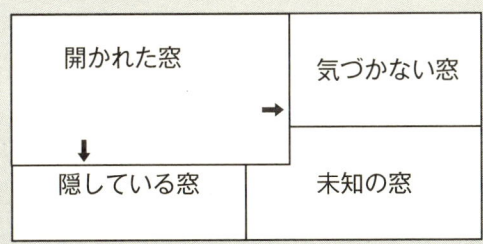

　スムーズな人間関係をつくり上げるには、自分自身を知り、4つの窓の中の開放した部分すなわち自分も他人もわかっている領域（開かれた窓）で、人とつきあうように心がけることです。そのためには、開かれた窓を広げる努力が必要です。そして、同時に他人から、自分がわかっていない、気づいていない自分を教えてもらうことによって、さらに「開かれた窓」が大きくなります。
「開かれた窓」を拡大するには2つの方法があります。
①自己開示
　　自己開示は②の「隠している窓」の領域を小さくすることです。すなわち、自分が意識的に隠している部分を人の前に出していくことです。
②フィードバック
　　他人から、自分の行動がどのように受け取られているかを指摘してもらい（フィードバック）、その指摘を受け入れることです。それによって、③の「気づかない窓」の領域を小さくすることができ、結果的に「開かれた窓」を拡大することができます。

充実したキャリア

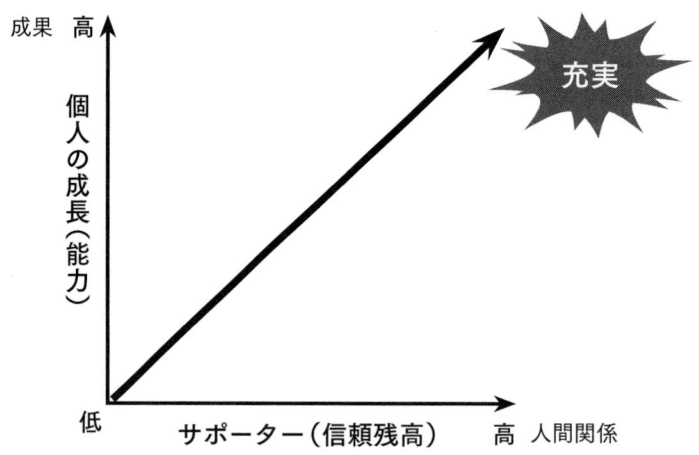

　拙著『職場に活かすTA　実践ワーク〜人材育成、企業研修のための25のワーク』（金子書房）でもふれましたが、筆者は一人ひとりが充実したキャリアを歩む（実現する）ためには、仲間の支えやヒューマン・ネットワークが欠かせないと考えています。

　その意味でも、キャリアデザインの研修を通して、仲間作りができ、その仲間と互いにキャリア・ビジョンの実現に向けて「サポーター」という存在になれるとしたら、たいへん貴重な宝物になります。そのため、キャリアデザイン研修では、準備運動（仲間作り）をより丁寧にファシリテートしています。

　お金儲けも大切ですが、「人儲け」も大切です。「人儲け」のためには、毎日顔を合わせている上司・先輩、同僚、部下・後輩、取引先、そして、何よりもお客様との関係を見つめ直すことが重要です。身近な人たちと、日々、信頼残高を貯蓄する努力を積み重ねることが基本です。
・視野や見聞を広げられる ⇒ 人間的な魅力を磨き続ける
・人間としてのスケールを拡大できる ⇒ 忠告をしてくれる人を大切にする
・長期的に安定したつきあいが深められる ⇒ 持続する労力を惜しまない
・容易に得られない情報が獲得できる ⇒ Give & Given"与え合う"の関係

　小笹芳央氏は、「成功とは"信頼残高"が増えた状態です。なぜかといえば、信頼さえあれば何でもできるのです。たとえば、100億のビジネスは、ひとりではできないけど、信頼があれば、お金が集まる（貸してもらえる）、信頼があれば、プロジェクトの仲間が集まる、信頼があれば、顧客が集まる。

　つまり高い信頼が得られれば、高い収入がもらえ、そして高い信頼と収入は大きな自由を実現させられる。若いときは信頼もなく、非常に不自由です。しかしそれを受け入れ、がむしゃらに仕事

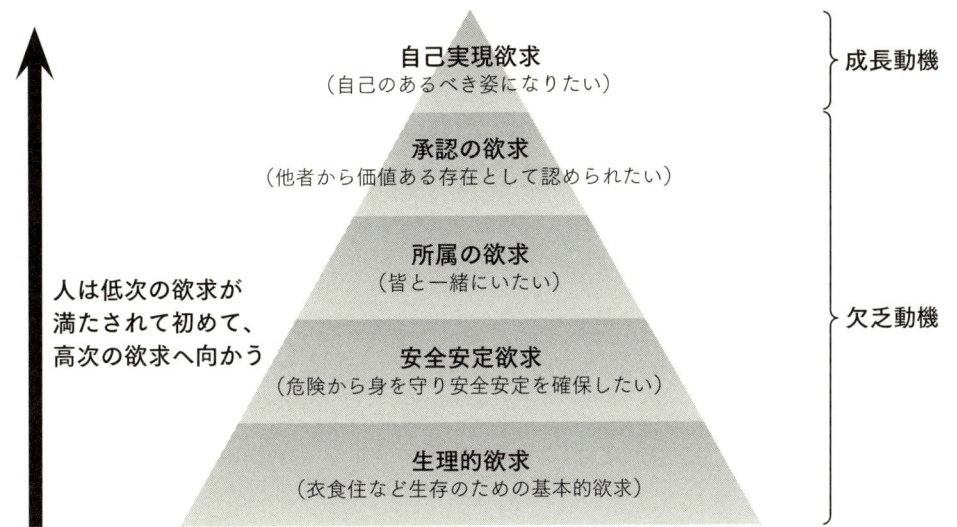

することによって、後々の自由度が変わってきます」と言っています。

　欲求段階説を説いたことで有名なアブラハム・マズロー（Abraham Harold Maslow, 1908〜1970）は、「人間は誰でもそれが可能なら、何にでもなりたい願望を持っており、人はなれるはずのものにならねばならない」と言い、さらに「人間の自己実現欲求が湧きおこる前提は、所属する集団の中で他の人に受け入れられる経験やその独自の存在を認められ、尊敬される経験が必要なのである」と述べています。

　つまり、私たちは仲間から認められ、受け入れられ、その果てにビジョンを描き実現したいという欲求に達するようです。その意味で、サポーターやヒューマン・ネットワークの種まきも、いや種まきこそ、充実したキャリアの実現に向けて平行的に、真っ先に取り組むべきことだといえます。

やりがいに通じる内的キャリア

　キャリアは外側と内側の両方向からとらえることができます。外側からとらえたキャリアが外的キャリア、内側からとらえたキャリアが内的キャリアです。外的キャリアは、職歴や取得した資格、役職ポストなど目に見えるもの、名刺や履歴書に書けるものです。花木にたとえると花や葉、枝といえ、地上に出ている部分なので見ることができます。

　内的キャリアは自分にとって働くことの意味や価値、価値観などをいいます。これは、自分の内面であり、自分の心の中に存在しています。花木でいえば根っこにたとえられます。地面の下に根差しているので見えませんし、自分でもわかりにくいものです。

　内的キャリアは、花や葉、枝を支える重要なものです。根がしっかり地中に伸びていないと強風

などで倒れてしまいます。その意味では、外的キャリアを決する、あるいは選択する基準ということができます。

内的キャリアがぐらついていると、アイデンティティ（自分らしさ）がはっきりしておらず、外的キャリアを決めることができません。「やりたい仕事がわからない」のは、ほとんどの場合、内的キャリアが不明確であることが原因となっています。

企業に属していると対外的関係から外的キャリアを重視・評価する傾向がありますが、キャリアをデザインする上で重要なのは、外的キャリアではなく内的キャリアです。なぜなら、生きていく本質は、外的キャリアを目指すことではなく、内的キャリアを確立することにあるからです。

自分にとってのキャリアがはっきりしない人が多い理由は、日本の社会でキャリアという場合、ほとんどが外的キャリアを意味しているからではないかと思われます。

キャリアをデザインするときには、外的キャリアだけに目を向けていては何も見えてきません。内的キャリアを見つめた上で、外的キャリアに目を向けると見えなかったものが見えてきます。それは、外的キャリアは肩書きに、内的キャリアはやりがいに通じるものだからです。

> 「根を養えば樹はおのずから育つ」　　　　　　　　　　　　　　　（東井義雄）

> 「こころの目で見なければ、物事を正しく見ることはできません。目に見えないことが一番大切なことなのです」　　　　　　　　　　　　　　　（サン・テグジュペリ）

あなたは、どちらの輪に意識が向きますか？

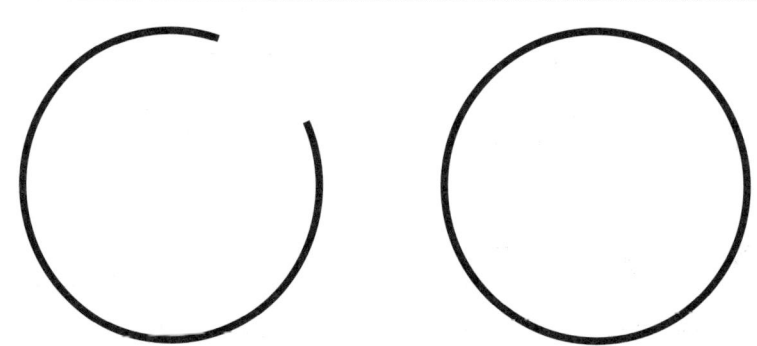

あなたは、上図を見て、どちらの輪に意識が向くでしょうか？

私たち人間の脳は、欠けているものを埋めようとする習性があるようです。そうすると、自分の中のできている点にフォーカスを当てるよりも、できていない点、欠けている点にフォーカスを当てがちだということです。

内的キャリアを見つめる際、「自分なんて特に強みや自慢できるようなことなど何もない」などと、否定的に自己像をとらえてしまうと、可能な領域を狭めてしまい、その結果、３年後、５年後

のキャリア・ビジョンが萎んでしまいます。キャリアをデザインする際は、内的キャリアを肯定的に見つめる、可能な領域を広げることが重要なポイントです。

> ### スーパーの自己概念
>
> スーパーによると、私たちは誰でも"自己概念"を持っています。自己概念とは、「自分は何者であるか」「どういう存在であるか」という、自己イメージのことで、自分をどのように見るか、自分はどうありたいか、他人は自分をどう見ているかが融合してできています。
>
> 自己概念（自己イメージ）には、肯定的な自己概念と否定的な自己概念があり、私たちは、この両方の自己概念を持っています。ある人は、肯定的な自己概念をより多く持ち、また、ある人は否定的な自己概念のほうを多く持っています。
>
> 否定的な自己概念を持つと、自己に対する自信を失い、自尊心が低下した状態になります。そのため変化に対して前向きに受け入れることができず、未知なものに対し恐れのほうが強くなります。おのずと消極的で意欲も低くなり、行動も消極的になり、職業選択は不適切で不満足な結果に終わります。
>
> 一方、肯定的な自己概念を持つと、積極的に行動する力となり、次のステップアップや未知の課題や変化に対しても積極的に自分を切り拓いていきます。行動は積極的となり、職業選択は適切なものとなり、満足な結果が得られることになります。
>
> スピードの時代、激変する時代に生きていくためには、できるだけ肯定的な自己概念をしっかりと根差し形成しておくことが望ましいといえますが、自己概念が空想的であったり、歪んだ認知から生まれた自己概念など、現実性を欠くものであってはなりません。
>
> 肯定的な自己概念を形成するためには、周囲の人から与えられるプラスの強化（フィードバック）がたいへん重要になります。

第2章

キャリアデザイン研修に求められる受講姿勢・受講態度

自己理解を深めるために

1. 拡散思考から収束思考へ
   （自由に発想、連想／類比、整理してまとめる）
2. 自己対話を大切にする
3. 積極的な自己開示＆率直なフィードバック
4. 相互コーチング
5. 守秘義務

　筆者は、キャリアデザイン研修において、5つの取組姿勢、取組態度の案内をし、参加者の協力を仰いでいます。本書では、「1.拡散思考から収束思考へ」と「4.相互コーチング」を以下に解説します。

　5つの中で、もっとも強調すべきことは、「5.守秘義務」であろうと思われます。以降のワークでは、個人的な経験談や失敗談など自己開示の機会がたくさんあります。自己開示を促すためには、この空間が守られている場所であること、安心できる空間であることを周知徹底するのが大切です。

　特に過去の出来事を語る過程には、上司とうまくいかなかったこと、上司が反面教師になっていること、部下との葛藤など、個人を特定するものが多々含まれます。そのため、「ここでお聞きした仲間の話の内容は、この部屋を出たら一切口外しないこと！」と、少し強い口調で案内しています。

デザインを湧き立たせる　"拡散思考"から"収束思考"へ

　この世には数多くのアイデア発想法が存在していますが、大きく分けると「拡散思考」と「収束思考」の2種類の発想法に分類できます。

　拡散思考とは、与えられた情報からさまざまな新しい情報をつくり出す思考法のことで、インプ

思考の基本は「拡散と収束」

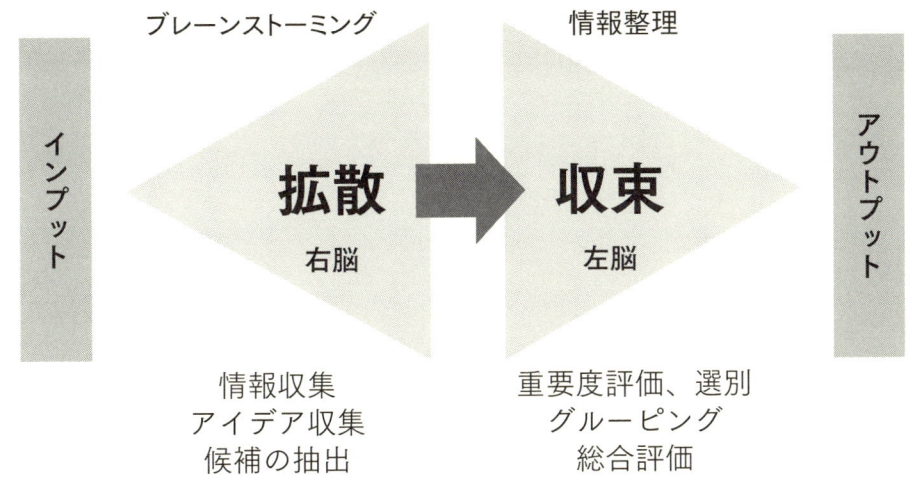

アイデア出しと評価の分離

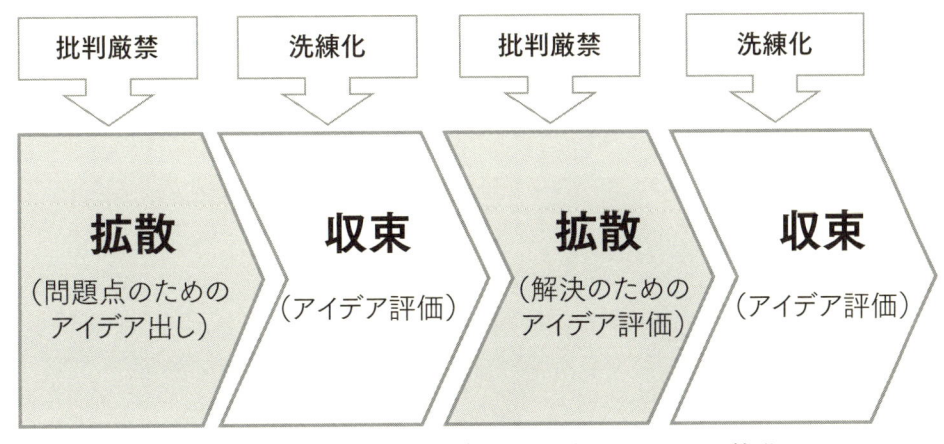

拡散と収束を繰り返すうちにアイデアが洗練化され、具体化される

アイデアの創出は、「創造」と「判断」を別々にする！

ット情報からアイデアを自由に広げます。そのため、拡散思考で大切なことは、アイデアの質よりも量を重視することです。代表的な発想法にブレーンストーミングなどが挙げられます。新しいアイデアを創出したり、創造的な課題の解決を見つけ出す際に用いられます。

　筆者の経験から、多くの参加者は、日常の延長線上から将来イメージを抱き、「きっと3年目は△△程度だろうなぁ」「5年目だったら○○くらいかな」と、研修会場に足を運んでくださるように感じられます。これは、決して否定すべきことではないのですが、キャリア開発の定義の「なり

Career Design

たい自分」「ありたい姿」とはいえません。現状の延長にとらわれず視点を広げるために、拡散思考のスタンスで、自由に、柔軟な思考で参加してもらうことを推奨しています。

収束思考は、拡散思考により集めたバラバラなアイデアの集まりをまとまりのあるものに集約していくときの思考の働きをいいます。代表的な手法として、KJ法やマインドマップなどがあります（注：マインドマップは用い方により、拡散思考にも用いることができます）。

キャリアデザインをテーマとした研修では、とにかく自身の可能性の幅を広げ、最後のキャリア・ビジョンの創造の時点で、収束を促す展開を構成しています。その際、時間的なゆとりや参加者のレベルに応じて、収束のための方法を変えています（注：本書ではふれません）。

では、自由な発想、連想のためのミニワークを紹介します。

ミニワーク ①
だまし絵

それぞれの絵を見てください。各々2通りの生き物が見えるはずです。

さて、何が見えるでしょうか？

このミニワークは、まずはひとりで検討します。そして、お隣の人とペアで話し合って、最後はグループでワイワイ＆ガヤガヤと場を盛り上げていきます。

a　　　　　　　　　　b

ミニワーク ②
ブレーンストーミング

　ブレーンストーミングの解説をした後、以下のミニワークを実施します。
「いまから、拡散思考の準備に入ります。ここにペットボトル（実際に見せながら）があります。このペットボトルをどのような物や事に使えるか、いろいろな意見を（グループで）出し合ってください。たとえば、本体をシャワーの取手に利用するとか、蓋をビー玉の代わりにして遊ぶとか、質にこだわらず、量を求めてください。必ず１名以上は書記を兼ねてください。では、５分間でいくつ思い浮かべられるかグループで競い合います」と解説後、ゲームを開始します。
　終了後、各グループからいくつアイデアが出たかを発表してもらい、もっとも多かったグループに拍手を送ります。その後、おもしろい意見や相乗りなどの有無を確認します。
「この研修では自分らしさが大切ですが、とはいえ、相乗りも歓迎します。たとえば、これからみなさんには、これまでのビジネス人生をふりかえっていただきます。その後、ふりかえった内容を仲間に説明してもらうのですが、仲間の説明を聞きながら、自分はすっかり忘れてしまっていたけれど、仲間のふりかえりを聞かせてもらったことで、自分も同じような経験をしたことを思い出したりします。そして、同じようなスキルを身につけたことに気づけたり、似たような経験をしたことに気づかせていただくことが少なくありません。確かに、キャリアは、自分らしさを見つめることがメインではありますが、ときに、仲間の説明に相乗りというか、『自分もそうだったなぁ』と気づかせていただき、自分の中に取り込むことも大切です」と、仲間の意見や発言から、自己理解へのヒントが得られることをコメントしておくことで、グループの凝集性が高まり、互いに学び、気づき合える空間が徐々につくり上げられます。

ブレーンストーミング（BS）とは

　ブレーンストーミング（BS法）とは、アレックス・F・オズボーンによって考案された集団（小グループ）によるにアイデア発想法の１つです。会議の参加メンバー各自が自由奔放にアイデアを出し合い、互いの発想の異質さを利用して、連想を行うことによってさらに多数のアイデアを生み出そうという集団思考法・発想法のことをいいます。脳をまるで嵐のように回転させてアイデアを出そうとする比喩から名づけられました。
　主な原則として、以下の４つがあります。
　①批判厳禁……出されたアイデアについて、批判してはいけない。批判されたり否定されたりするとアイデアが出にくくなるからです。
　②自由奔放……こんなことを言ったら笑われはしないか、などと考えず、思いついた考えをどんどん

> 　　　　　発言できる自由奔放さがあるほどよい。
> ③質より量……できるだけ多くのアイデアを出す。
> ④相乗り歓迎……他人のアイデアを改良したり、2つのアイデアを組み合わせたり、発展させること
> 　　　　　　　も大歓迎。

ミニワーク ③
ペアで競争

対になるキーワードをあげましょう。
ペアでいくつ出せるか、グループ内で競い合います。

> 例：「上・下」「前・後」「デジタル・アナログ」

次に3つの対になるキーワードをあげましょう。
グループでいくつ出せるか、他のグループと競い合います。

> 例：「上・中・下」「知・情・意」「見ザル・聞かザル・言わザル」

　このようなミニワークは、アイスブレイク（緊張ほぐし）にもなるため、参加者の様子を観察しながら、いろいろなミニワークを組み合わせて実施しています。
　心理学では、相手と顔を合わせる回数が多いほど相手への好意が上がる現象を「単純接触効果」といい、その人物の内面などを知れば知るほど好感度が上がる現象を「熟知性の原則」といいます。
　相手の性格を知れば知るほど、相手に対する恐怖心が薄れてきます。相手のことをまったく知らない段階では、相手が何を好み、どのような行動を不快に感じるのかを察知できないので、緊張した状態で接することになりますが、何度か相手の内面を知る機会があることによって、その緊張が薄れていき不安感がなくなっていきます。
　前述のとおりキャリアデザインは、「自己を知ること」です。そのためには、仲間に率直に自己を開示し、仲間からのフィードバックに素直に対応することが求められます。その意味で、意図的に多くのミニワークやアイスブレイクを取り入れ、「単純接触効果」と「熟知性の原則」を高めるようにしています。

熟知性の原則

1. 知らない人に対して批判的（冷淡）
2. 接触頻度が増えるほど好意的になる
3. 人間性を知ったときに、よりその人を好きになる　　（心理学者：ザイアンス）

ミニワーク ④
アイスブレイク：物にたとえて自己紹介

Q1. わたしは_____です。
Q2. わたしは_____です。
Q3. わたしは_____です。

Q1. 自分とは_____です。
Q2. 他人とは_____です。
Q3. 人生とは_____です。

① 部屋を見渡してください。この部屋の中にある物にたとえて、自己紹介していただきます。その際、物に形容詞などを加えて、3点自己紹介してください。
　　お互いに相手のコメントをメモしておいてください。時間が経過するにつれ、そのコメントがその人と何か深い関連のある、コメントだったりします。このようなふとした自己紹介も、案外その方の一端を示していることが多いものです。
　例：わたしは椅子です。仲間のからだを支え、リラックスを提供しています。
　　　わたしはマイクです。みんなの進行をアナウンスします。

② 「自分とは」の後に文字を埋め、「自分とは○○です」と文章を作ります。同じように「他人とは□□です」「人生とは◎◎です」と、アンダーラインを埋めてください。完成したら、グループで分かち合います。
　例：自分とは親孝行で思いやりのある人間です。
　　　他人とは、自分に気づきを与えてくれる貴重な存在です。

Career Design

ミニワーク ⑤

アイスブレイク：キャリアテーマでキャッチボール

準備物：ビーチボール（ゴムボール）

　全員立ち上がり、隣の人と肩と肩がふれるほど小さな輪になります。ファシリテーター（講師）は、キャリアに関する問いかけをしながら、輪にボールを投げ入れます。ボールをキャッチした参加者は、頭で考えず直感で質問に答えなければなりません。

質問例：わたしにとって仕事とは……

　　　　　この1週間で少しでも楽しいと感じた仕事の瞬間……

　　　　　小さい頃、なりたかった職業は……

　からだを動かしながら、緊張ほぐしと笑いづくりが実現します。思わず雰囲気がやわらぐため、筆者はリーダークラスなど、年齢が高い方にあえて実施することもあるほどです。

コーチになって、仲間の可能性を引き出す

　自己理解や自己洞察を深めるためには、もう1つ、仲間からの問いかけによるサポートも欠かせません。"問いかけ（オープン・クエスチョン）"は以下のような効果的をもたらしてくれます。
　・問いかけは、新しい気づきを与えてくれる
　・問いかけは、頭の中を整理してくれる
　・問いかけは、実現や解決に立ち向かわせてくれる
　・問いかけは、達成すべきことをイメージさせる
　・問いかけは、相手がもっている答えを引き出す

　ティーチングとは、先生（ティーチャー）というイメージからも、答えを知っている人（知識を持っている人）が答えを知らない人（知識を持たない人）に教えるというイメージがあります。他方、コーチングは、相手の可能性を引き出す、相手のやる気を引き出す……といった、"引き出す"ということに重点を置いたコミュニケーション・スキルです。
　コーチングは、質問、傾聴、承認の3つのスキルを基本とし、相手のやる気や可能性を引き出すサポートをしますが、キャリアデザイン研修では、質問、特にオープン・クエスチョンに焦点を当て、参加者に意識づけをします。
　私たちがふだん用いる質問をシンプルに分けてみると、クローズド・クエスチョンとオープン・クエスチョンに分けることができます。クローズド・クエスチョンを用いると、相手は、"はい"もしくは、"いいえ"などとひと言で答えることができます。
　他方、オープン・クエスチョンは、多くの場合、質問の冒頭や区切りになるところに、"ど"や"な"がつき、相手はじっくりと答えを考える傾向があります。
　たとえば、「あなたは仕事が楽しいですか？」と、クローズド・クエスチョンを投げかければ、

質問の種類と役割

表層意識 — 確認をとる・コミットメントを上げる
クローズド・クエスチョン
・意思の明確化
・行動の促進

深層意識 — 考えさせる・視点を変える・発見を促す
オープン・クエスチョン
（どのように？　何を？　"ど""な"質問）
・気づきを与える
・イメージを構築する

「ど」と「な」の質問

どうして	どうすれば	なにをすれば	なんのために
どうしたら	どうやれば	どうやったら	どれくらい
どうすることが	どんな	どのくらい	どういう
どのように	どのような	どう	どれ
どこ	どの	なぜ	なにを
なにに	（誰と）	（誰を）	（誰に）
（いつから）	（いつまでに）		

相手は、"はい""まぁまぁです"などと即答します。「あなたは仕事の中で、どんなとき楽しいと感じますか？」「何をしているとき、あなたは仕事を楽しいと感じますか？」と問いかけると、相手は即答できず、じっくりと内省しながら、自分なりの回答をしてくれます。

クローズド・クエスチョンは、相手の表層意識（顕在意識）をノックし、オープン・クエスチョンは、相手の深層意識（潜在意識）の扉をノックします。

オープン・クエスチョンを相手に投げかけることで、相手は、自分の中のモヤモヤ（整理できなかったこと）を言葉にすることで、頭の中が整理されたり、自分がどこに混乱していたかに気づけたり、自分のものの見方、考え方の特徴に気づくといった可能性をプレゼントすることができます。

コーチングとは

「会話や人間としての在り方を通じて、対象者が本人の望む目標に向かって、本人の満足のいく方法で進むことを促進する環境を生み出す技術であり、『自分で考える』ことを手助けすること」
（ティモシー・ガルウェイ）

「フェイス・トゥ・フェイスで発揮されるリーダーシップであり、多様な経歴・経験・関心を持った人々をまとめあげ、さらに大きな責任を果たし継続的な業績を上げるように部下を勇気づけ、そして部下を全面的なパートナーであり職務に欠かすことのできない存在として大切に扱うこと」
（トム・ピータース）

「コーチや管理職などがチームメンバーの課題・目標設定を手助けし、前向きの姿勢で業務遂行に必要な気づきを与え、励まし、挑戦を促し、現在の仕事のパフォーマンスを改善すると同時に、将来への可能性を引き出す技法のこと」
（フローレンス・ストーン）

「問題解決につながる新たな洞察を相手が発見するように援助することである」
（ピーター・ドリッサー）

キャリアデザインを阻害するもの

「私の仕事はここまで」と勝手に区切って、それ以上のことに手も出さず、興味を抱こうとしない。自分で自分の専門という小さな世界をつくってしまって、そこに閉じこもってしまう。

これでは、専門というよりは大きな仕事の中の部分を担っているスペシャリストであるだけで、その後の発展は見込めないでしょう。自分の縄張りを小さくつくり上げて、そこから出ないようにすればラクですが、長いキャリアを楽しむことはできません。

今日のような技術革新の激しい時代にあっては、時代に取り残され、視野を狭めてしまう弊害が降りかかります。M&Aやアウトソーシングなど、その専門領域ごとなくなってしまうリスクを考えると危険な領域設定であることも否定できません。

小さな世界に閉じこもることと、専門家として社内外から一目置かれることは大きな違いです。間違ったスペシャリスト志向を抱き、小さな枠の中で自分を守ろうしないことが大切です。

第3章
やれること "SEEDS" の自己理解

キャリア開発のステップ

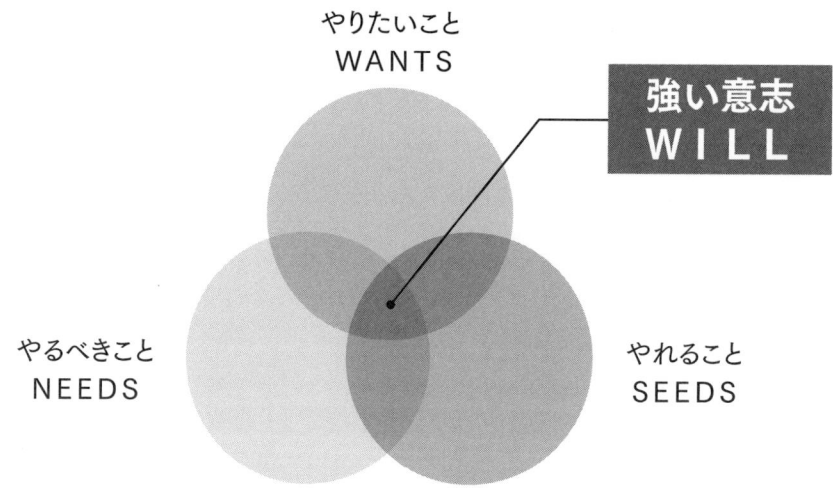

キャリア開発のステップ

やりたいこと WANTS
強い意志 WILL
やるべきこと NEEDS
やれること SEEDS

　キャリアを開発するためのステップは、次の3ステップで構成しています。
　第1ステップは、「やれること」SEEDSで、自分の強み・長所、興味・関心、価値観や仕事への意味づけなどを整理する段階です。このステップは、主にこれまでの経験や実績をふりかえる段階で、自己理解の中心となり、キャリア開発の土台となります。SEEDSは、ビジョンへ向けての「種」、中心とか、発芽の元となるものという意味合いで用いています。

> 「人の一生は短いのだ。おのれの好まざることを我慢して下手に地を這いずりまわるよりも、おのれの好むところを磨き、のばす、そのことのほうがはるかに大事だ」
> 　　　　　　　　　　　　　　　　　　　　　　　　　　　　　　　　　　　　　（司馬遼太郎）

> 「私が目指してきたことは、現在を理解し、そこから未来を見ることである。そのために過去を知ることである。なぜなら、国にせよ、企業や大学などの組織にせよ、自らの過去を未来に向けて活かしてこそ、成功への道を進むことができるからである」　　　　　　（ピーター・ドラッカー）

　第2ステップは、「やるべきこと」NEEDSで、自分のおかれているフィールド（活躍する場）を理解するという点と、会社や上司、部下など、周囲からどのような期待をされているかを見つめる段階です。第1ステップが自己を知るということであれば、第2ステップは、他者を知る、他者を通して自己を知るという段階だといえます。NEEDSは、周囲からの期待という意味合いで用いています。

　私たちは毎日忙しい日々を過ごしています。キャリア開発のステップを、階段でたとえると、まったく足を休めることなく、階段を駆け上がり続けているイメージです。

　階段には踊り場があるように、第1ステップは、その踊り場から、忙しくて見向きもできなかった自身をふりかえることが主な作業となります。ふりかえる過程で自分自身の傾向が見えてきます。「自分がモチベーション高く仕事をしているときというのは、○○が共通しているなぁ」とか、「苦難や困難を乗り越えるきっかけは、□□を頼りにしているなぁ」などと。

　日頃、忙しく前を向くこと、階段を上ることばかりの毎日ですが、踊り場から自分をふりかえってみると、なにやら自分らしいパターンが見えてきます。そのパターンの中から、自分の強みであったり、大切にしていることなどを探り出すのが第1ステップです。

　第2ステップは、これまで上ってきた階段をふりかえるのではなく、踊り場にいる"いま現在"の自分の周囲、そして、その環境変化を予想します。いま現在のフィールドを見つめる作業ですから、ミクロでは、自分を取り巻く上司、部下、他部署、お客さまなどからの期待を、彼らの視点から自分を見つめる作業となり、マクロでは、業界の動きやビジネス環境などの将来予測が該当します。

　第1ステップでは、これまでの過去を、そして、第2ステップでは、「今、ここ」と将来を見つめること、そして最後は、どの方向へ駆け上がっていこうかと、自分の駆け上がりたい未来の方向をイメージします。そのステップが、第3ステップになります。

　究極的には、いかに死ぬか、いかに退職するかということになりますが、今のスピードの時代では、むやみに長期のビジョンを描くのではなく、3年から5年後のビジョンを描こうとするスパンがよいように感じられます。

　そして、キャリア開発の重要な点は、これら3つのステップをバラバラにとらえるのではなく、それぞれの重なりを大切にし、強い意志（WILL）をもって、その重なる領域を広げていくことです。

キャリア・アンカーとは――あなたがキャリアで重視するもの

キャリア・アンカーとは、エドガー・シャイン（Schein, 1978）がスローンスクールの卒業生に対する長年の追跡調査と研究によって見出し提唱した概念で、職業に対する「自覚された才能・動機・価値観の型」をいいます。シャイン博士によれば、キャリア・アンカーとは、もともと個人のとらえ方を概念として導き出したものであり、職業上の重要な意思決定の際の係留点として機能していることから「キャリア・アンカー」と名づけました。

「アンカー」とは英語で「船の錨（いかり）」のことで、船はどこに行こうが、一度「錨」を下ろすと、そこにどっしりと浮遊することなく落ち着きます。キャリアにおいても、一人ひとりがこの「アンカー（錨）」を持っており、それを拠り所として生きている……という意味づけなのです。いわば、「キャリア・アンカー」とは、『自分が本当に大切にしていること、拠りどころ』であり、自分が自分らしくあるための『譲れない価値観』なのです。

つまり、「個人が選択を迫られたときに、その人がもっとも放棄したがらない欲求、価値観、能力（才能）などのことで、その個人の自己像の中心を成すもの」と定義することができます。

職業人生で感じる幸福感や充実感は、私たち自身の奥深くにあって、自分自身も何となく気づいている「大切に感じている何か」に関係しています。あなたは、次の質問に自信を持って答えることができるでしょうか？

① わたしは、何ができるのか？　何が得意なのか？
② わたしは、どのような場合にやる気になるのか？
　　どのような場合にやる気を失うのか？
　　つまるところ何がやりたいのか？
③ わたしは、どのようなことに意味や価値を感じるのか？

この質問は、①が「あなたが持っている能力（強み）」、②が「あなたが動機づけられる要素（興味＆関心）」、③が「あなたが持っている価値観や意味づけ」を問いかけるものです。この３つを自覚することによって、「自分らしいキャリア」の第一歩がはじまります。

ドナルド・E・スーパーも、「仕事とは興味、能力、価値観を表現するものであり、そうでなければ仕事は退屈で無意味なものになる」と言っています。

キャリア・アンカーを把握できれば、自分をコントロールしやすくなります。キャリア・アンカーを探り出すというのは、自分の取扱説明書を得るようなものなのです。

8つのキャリア・アンカー（エドガー・シャイン）

　キャリア・アンカーの概念は個人にとっても、企業にとっても重要です。個人にとっては自分のキャリア・アンカーの型を知ることによって、自分が職業上の重要な意思決定の際にどのような判断をする傾向があるのか、それは状況に適合しているのか、適合していないのかなど自己理解を深めることができます。そのような自己理解を深めることによって、状況に応じた適切な意思決定や行動をとることができます。

　シャインは、こうしたキャリア・アンカーの種類に関して、当初は5つとしていましたが、現在では、次のような8つのカテゴリーに分類しています。

　筆者は、ときおり自作のチェックリストを用いて、カテゴリーを理解するためのサポートをしますが、8つのカテゴリー分けは、かなり大まかなため、参考として用いています。カテゴリー分類よりも、"もがき""あがき"ながら、①「あなたが持っている能力（強み）」、②「あなたが動機づけられる要素（興味＆関心）」、③「あなたが持っている価値観や意味づけ」を探る過程を大切にしています。

◇TF＝Technical/Functional Competence：専門・職能別コンピタンス（スペシャリスト）
　あなたがどうしてもあきらめたくないことは、自分の専門性を高めることであり、自分の技能や技術、知識といった専門領域における課題に積極的に挑戦し、その中で自身の喜びやアイデンティティを見出します。
　企画、販売、人事、エンジニアリングなど特定の分野で能力を発揮することに幸せを感じます。

◇GM＝General Managerial Competence：全般管理コンピタンス（ゼネラリスト）
　あなたがこだわることは、組織内においていかに成功し、できるだけ高いポジションにまで上がっていくことに高い興味・関心があります。
　組織内の機能を相互に結びつけ、対人関係を駆使し、集団を統率する能力や権限を行使する能力を発揮し、組織の期待に応えることに幸せを感じます。

◇AU＝Autonomy/Independence：自律・独立（組織の中で独立しており、裁量が自分にある）
　あなたがどうしてもあきらめたくないことは、ある一定の（組織などの）枠組みにとらわれることなく思うように動け、自分で仕事のやり方や枠組みを決めていくことです。仕事をするにあたり、いかに自律性・独立性を保てるかが、重要なキー・ポイントになってきます。
　組織のルールや規制に縛られず、自分のやり方で仕事を進めていき、組織に属している場合、仕事のペースを自分の裁量で自由に決めることを望みます。

◇SE=Security/Stability：保障・安定（安定雇用重視）
　あなたがどうしてもあきらめたくないことは、雇用に対する保障や経済的な保障を得ることです。職場で終身雇用が約束されるならば、ときに雇用主の望むことは何でもするといった、忠誠心を持つこともあります。この領域の人にとっては、安全で安定していることが一番大切なのです。
　仕事の満足感、雇用保障、年金、退職手当など経済的安定を得ること。ひとつの組織に勤務し、組織への忠誠や献身などがみられます。

◇EC=Entrepreneurial Creativity：起業家的創造性
　あなたがどうしてもあきらめたくないことは、危険を理解した上で、リスクを背負ってでも、自分の会社や事業を立ち上げることにあります。
　新しいものをつくり出すこと、障害を乗り越える能力と意気込み、リスクをおそれずに何かを達成すること、達成したものが自分の努力によるものだという欲求が原動力になります。

◇SV=Service/Dedication to a Cause：奉仕・社会貢献への貢献
　あなたがどうしてもあきらめたくないことは、社会や人に貢献できる、何か価値のある仕事を成し遂げ、そういった機会を探求し続けることにあります。
　暮らしやすい社会の実現、他者の救済、教育など価値あることを成し遂げること。転職してでも自分の関心のある分野で仕事をする機会を求めます。

◇CH=Pure Challenge：チャレンジ（純粋な挑戦）
　あなたがどうしてもあきらめたくないことは、難しい課題にあえてチャレンジしたり、一見不可能と思える障害を乗り越えるといった機会です。
　解決困難に見える問題や解決の手ごわい相手に打ち勝とうとします。知力、人との競争にやりがいを感じ、目新しさ、変化、難しさが目的になります。

◇LS=Lifestyle：全体性との調和（ライフスタイル）
　あなたがどうしてもあきらめたくないことは、個人的な欲求や家族の要望、自身のライフスタイルに沿うもの、それらをうまくバランス・統合させていくということにあります。自分のトータルな人生をどう生きるのかということに関心があります。
　個人的な欲求、家族の願望、自分の仕事のバランスや調整に力をいれます。自分のライフワークをまとめたいと考え、それができるような仕事を考えます。

ワーク ❶
キャリアの軌跡＆
キャリア・アンカーの自己理解

ワークのねらい

① これまでのキャリアをふりかえることで、自分が拠り所とするキャリア・アンカー「能力（強み）、興味＆関心、価値観や意味づけ」を見つめます。
② 仲間のキャリアの軌跡の説明を聴くことで、経験や意味づけの違いから自己理解を促します。

進め方

[記入のポイント]

① 本書では、2種類のワークシートを用意しました。ビジネス経験が少ない場合は、シート「キャリアの軌跡Ⅰ」を配布し、7～8年ほどビジネス経験をもつ参加者であれば、シート「キャリアの軌跡Ⅱ」をお勧めします。

② シート「キャリアの軌跡Ⅰ」は、生まれてから、記憶のある頃から書き進めます。できる限り、社会人の欄をメインに描くように解説を加えます。最下段の充実・満足度は、点線を±0とし、＋10に近づけば、充実度や満足度が高く、モチベーション高く過ごした時期を表し、－10は充実度や満足度が最低、いわゆる悩んでいたり、葛藤していたり、トラブルを抱えていた時期を表します。こころの動きは、大まかに描くのではなく、波の高低と間隔をはっきりさせるように描きます（「キャリアの軌跡Ⅱ」のこころの動き・感情の流れも同様の解説をします）。

③ シート「キャリアの軌跡Ⅱ」は、ビジネス経験が長い参加者向けですが、記入時は、等分して書くことをお勧めします。縦に白地と影地を合計26枠表示してありますので、たとえば、ビジネス経験が8年であれば、左から白地、影地、白地の3枠分を入社1年目とするように、書きはじめる前に枠を引くように指示します。枠が余れば、直近2～3年に多くの枠を設けます。

[発表のポイント]

④ 記入を終えたら、発表とフィードバックに移ります。発表者は、描いた「キャリアの軌跡」を熱心に語ります（シートは発表者が見やすい位置でよいのですが、メンバーに見えるように身を乗り出して積極的に、曲線をなぞりながら説明します）。
　大切なポイントは、過去の出来事をいま現在どう受けとめているか、現時点の意味を添えな

がら説明します。発表時間は、1名あたり15分前後で、7〜8分ほどで発表を終え、残りの時間は、メンバーから発表者へオープン・クエスチョンをします。

質問例：「仕事で成功したこと、うまくいった仕事はどのような仕事ですか？」
「その仕事が成功したのはなぜですか？」
「その際、どのような能力（スキル）を使いましたか？（身につけましたか？）」
「満足や充実していた山が3カ所ありますが、共通しているなと思うことはありますか？」
「充実感の低かった経験を乗り越えたとき、何か身につけたなと思う能力はどのようなことですか？」……等々。

⑤　発表者は、赤ボールペンを持ちながら発表します。オープン・クエスチョンなどにより、気づいた点を該当の箇所に赤字でメモを加えます。

［フィードバックのポイント］

⑥　シート「仲間へのフィードバック」の左側に、自分以外のメンバー名を記入し、発表者の該当欄にキャリア・アンカーを数多く記入できるように努めます。参加者からすると、強みは理解しやすくとも、価値観はわかりにくいようです。そのため、一例として補足するために、この時間帯にシート「価値観リスト」を配布して、参考資料として活かします。

⑦　発表者の各キャリア・アンカーを探り、記入しながら耳を傾けます。的を当てようとか、正解しなければならないなどとこだわらず、自分の感じたことを率直にメモします。

⑧　「へぇ、なるほど」「すごいねぇ」などとあいづちを打ったり、身を乗り出したり、うなずいたりしながら、発表者に真剣に関心を寄せます。

⑨　発表者が自己理解を深めるための問いかけ（オープン・クエスチョン）をしたり、抽象的な点などを具体的に掘り下げるようにサポートします。

⑩　キャリア・アンカーは、発表者が口頭で述べたキーワードよりも、行間で感じられたことやオープン・クエスチョンから湧きあがってきたものを中心に記入します。

　　注：シート「仲間へのフィードバック」は、本セッションでは記入することだけにとどめ、フィードバックは、本章（SEEDS）の後半で実施します。そのため、シート「仲間へのフィードバック」は、本ワークの時間帯だけで記入するのではなく、この後のワークの間にも書き足し続けることを強調します。

キャリアの軌跡 I

	〜小学校	中学＆高校	大学	社会人
記憶に残った出来事				
記憶に残った理由				
学んだこと得たこと				
興味・関心				
能力・適性				
＋10 充実・満足度				
充実・満足度 －10				

キャリアの軌跡 II

西暦	年齢	主な出来事	＋ こころの動き・感情の流れ －	役立ちや成果	知識・スキル

仲間へのフィードバック

名前	強み・中心的能力	興味・関心	価値観・意味づけ

価値観リスト

冒険	発明	ヒーロー	柔軟さ	真理
変化	プロセス・過程	おもてなし	ビジョン	向上
気づき	時間	快適	オンリーワン	能率
ストローク	ロマン	感性	正直	分析力
ナンバーワン	勤勉	貢献	個性	権威
優しさ	勇気	達成	楽天的	専門性
改革	責任	影響力	幸福	遊び
マネジメント	夢	自由	尊厳	家庭
貯蓄	落ち着き	完全・完璧	人情	美しさ
信仰	学び	自尊心	忠実	ユーモア
キャリア	理想	チームワーク	ポジティブ	エレガント
支配	活性	興奮	感謝	親密
エネルギー	成長	努力	目標	安らぎ
マナー	ステイタス	奉仕	野心	正義
決断	一体感	研究	快楽	義理
約束	愛	誠実	調和	慎重
芸術	探求	ユニークさ	権力	賢明
趣味	絆	貢献	倫理	業績・結果
信頼	団欒	思いやり	賞賛	精神性
楽しさ	サポート	チャレンジ	実力	ネットワーク
安定	勝利	創造性	リーダー	堅実

ふりかえり&まとめ

　このワークを実施すると、ほとんどの参加者が、「他の人のキャリアの軌跡を聞かせてもらうと、その違いから自分が見えてくる」という感想を述べます。違いから学び、気づきを深められるために、最初の参加者がワークを体験した時点で、数名から具体的な感想を発表していただき、そのコメントを事例に、キャリア・アンカーを深めるヒントを全体で共有します。

　事例①　「Aさんは、異動をきっかけにして毎回モチベーションが高まっているけれど、自分は異動のたびに、新しい人間関係を構築し直さなければならないし、新しい仕事を覚える必要性からモチベーションが下がります」とコメントをしたとします。

　そこで、講師ファシリテーターである筆者は、「今の感想から、Aさんの強みはどのようなことだと想像できますか？　興味&関心は？　価値観は？……ペアでいくつか出し合ってください」と問いかけます。その後、グループで話し合った後、全体で意見を共有します。

　たとえば、Aさんの強みは、「変化を楽しめる」「ストレスに強い」「柔軟」などの意見が出ます。価値観は、「変化」「変革」「新規性」「出会い」などが考えられます。一方、発言者の価値観は、「安定」「絆」（同じ仲間と関係を築き続けると解釈すれば）「仲間」などが考えられます。

　事例②　「Kさんは、たまたま私と一緒で、クラブ活動で、サッカーをやっていたようです。同じサッカーなのですが、Kさんは、ドリブルの技術を磨いたり、フリーキックの精度を高めたりすることに特に関心があり、その追究に明け暮れていたようですが、わたしは仲間とアイコンタクトでスルーパスが通った瞬間のワクワク感やクラブ活動後に近くの駄菓子屋で盛り上がったことが楽しい思い出として記憶に残っています」

　たとえば、Kさんの興味&関心は、「技を磨くこと」「極めること」「技術スキル」「向上心」など。発言者の興味&関心は、「仲間とのつながり」「盛り上がり」「以心伝心」などが考えられます。

　また、次のような感想も多く聞かれます。「ふりかえってみると、辛かったこと、苦しかったこと、それを乗り越えたからこそ成長があり、いまの自信につながっている。そう理解できると、今後、辛いことや苦しいことが目の前に立ちふさがっても、以前とは少し違う自分で受けとめられる気がします」などと、過去の苦しみや悲しみ、辛さを意味づけし直すことによって、過去に起こった出来事は変わらなくとも、その意味や価値が増すことを実感できます。

　ある女性の参加者は次のように語ってくれました。

「ここ数年、本当に順調に仕事が推移してきました。しかし、以前のような苦しみや辛さを経験もせず、自分が成長した感覚がさほどありません。だからこそ、キャリア・ビジョンは、高い頂きを目指し、自分をもう少し厳しい環境に追いやってみようと思います」と、苦労や困難に直面するであろう状況を自ら創ることを述べてくれました。彼女の勇気ある発言により、場全体がワンランク

アップしたように感じました。

> 「今ふりかえってみると
> 自分の
> 希望どおりにいったときよりも
> 希望どおりにいかなかったときの方が
> はるかに私は
> 鍛えられた」
>
> （山本紹之介）

　私たちは、問題が起きることで「問題解決能力」が育ち、壁にぶつかることで「壁を乗り越える力」が育まれるのですから、順調なときよりも、苦しいときこそ、それを覚悟することが自分育てで極めて大切といえます。

　このようなワークブックを書かせていただきながら、矛盾しているようですが、キャリアデザイン研修をファシリテートすることの難しさ、困難さを痛感しています。

　通常、2日間の研修を担当させていただくのですが、当然のことながら、日頃、自分自身のキャリア構築への意識が希薄な参加者に、たかだか2日間の研修で、自分の内側からの本音を明確にし、キャリア・ビジョンとして描ききることは難しいといえます。また、講師ファシリテーターとして、「2日間でなんとかします！」と高慢に宣言したくありませんし、そうありたいとも思いません。しかし、たった2日間であっても、これまでのキャリアの軌跡を巡り、何らかの"気づき"を得て、"築き"へと自己成長を促したいと常に強く願っています。

　ハウツーを学ぶことに慣れてしまっている私たちは、自分のキャリアにおいても、正解や簡単な方程式があるかのようにとらえている傾向がときおり見られます。自分の内側を見つめることに慣れていないせいか、戸惑う参加者も珍しくありません。外側ばかりから答えを受け取ってきたことに慣れてきたのですから、急に応え（答え）は自分の中にしかない、と言われても、身動きできないのも当然かもしれません。ときに表面的な研修になってしまっていないか、それに自分も加担しているのではないか、戸惑いややりきれない想いを繰り返しています。

　特にSEEDSのセッションでは、いかに真剣に自分と向き合い"もがき""あがく"かが勝負となります。ときに、表面的な自己理解で終始したり、「アンカーなんて、難しいよな！」とグループ内で、自己理解が深まらない「言い訳の連鎖」が生じたり、諦めムードになってしまっていないか、目配り、心配りが欠かせません。

　参加者以上に講師ファシリテーターの"もがき"と"あがき"が求められるため、キャリアデザイン研修は、たいへん緊張し、また、悩みながら担当させていただいているのが実情です。

ワーク ❷

グループ・アンカー
インタビュー

ワークのねらい

① 先のとおり、キャリア・アンカーを見出すには、苦労を伴います。
　そこで、シート「グループ・インタビュー」を参考にすることで、キャリア・アンカーを探り出すきっかけを促します。

進め方

① シート「グループ・インタビュー」を配布し、グループで、発表者、質問者（コーチ）、書記（観察者）の3役を決めます。
② 質問者（コーチ）は、シート「グループ・インタビュー」の上から順番に1つずつ問いかけをします。発表者の回答には、うなずき、あいづち、促しなど、熱心に傾聴します。また、回答を1つに限定せず、「ほかには？」と、どんどん質問を深く、そして、広く展開します。書記（観察者）は、発表者のコメントをていねいにメモし、1名終了ごとに、シートを発表者に手渡します。
③ シートに書いてある質問以外に、キャリア・アンカーをより深めるための質問は大歓迎です。

グループ・インタビュー

問1：最も満足・充実していたのは
①いつどのようなときですか？
_____

②満足感や充実感を感じた、その理由は？
_____
_____

③いま思うと、何があったから頑張れたのでしょうか？　また、何を大切にしていたのですか？
_____
_____

問2：最も満足度・充実度が低かったのは
①いつどのようなときですか？
_____

②苦労や困難を乗り越えるために、あなたはどのような持ち味を発揮しましたか？
_____
_____

③そこから特に気づいたこと、学んだこと、身につけたことは？　現時点の意味や価値は何ですか？
_____
_____

問3：大事にしてきたこと
①あなたは、何を大事にして生きてきたのでしょうか？
_____

②仕事に取り組む上で、大事にしてきたこと、こだわってきたこと、自分に言い聞かせてきたようなことなどはどのようなものでしょうか？
_____
_____

③プライベートで大事にしていること、こだわっていることは何でしょうか？　それを仕事に取り入れるとしたら、どのような工夫ができますか？
_____
_____

問 4：他者からのフォーカス
①友人があなたらしさを第三者に紹介するとしたら、どのように紹介してくれると思いますか？
_____

②最も影響を受けた人物は誰ですか？　その理由は？
_____
_____

③そこから何を学びましたか？
_____
_____

問 5：おもしろさ、楽しみ
①仕事にはじめて、おもしろさや魅力、やりがいを感じたのはどんなときでしたか？
_____

②仕事をしている中で、今あなたをイキイキさせたり、活気づけることは何ですか？
_____

③そのイキイキやワクワクを取り入れるには、何が必要ですか？
_____
_____

問 6：最高の瞬間
①いままでの人生で、最高の幸せを感じたことは、どのようなシーンですか？
_____

②どうしてそのシーンを幸せだと感じたのでしょうか？
_____

③その幸せの瞬間を今後、少しでも多く仕事生活で感じられるとしたら、どのようなことが大切ですか？
_____
_____

Career Design

> ふりかえり&まとめ

　キャリア・アンカーの手がかりは、過去にあります。過去にワクワクしたこと、充実したことを探ると、そこにはアンカーが眠っています。いわば、私たちの中にある「パワースポット」を探求する作業といえます。

　問1の最も満足・充実していたときというのは、自分の大切にしていること（価値観）が満たされていた時期であり、意味を感じられた時期だといえます。また、自分の興味や関心に沿い、強みが活かされていた時期ともいえ、キャリア・アンカーを浮き彫りにしやすいポイントになります。

　問2は、問1の逆の時期ですが、悩んだり困難だったりした時期は、自分の大切にしていること（価値観）が満たされていなかった時期といえ、どのような価値を感じられなかったから満足感や充実感が低かったのか、という視点で探っていくと価値観がうっすらと見えはじめます。また、その困難な時期、悩みの時期を乗り越えるために身につけた能力があるとすれば、それは強みといえるかもしれません。

　問3は、まさに価値観を問う質問群です。

　問4は、第三者を介することで、キャリア・アンカーを浮き彫りにしています。特に影響を受けた上司、尊敬している上司の話題になれば、「その上司に近づくために、どのようなことをすべきですか？」と、問いかけることでキャリア・ビジョンのヒントを引き出すことができます。

　問5と問6は、興味・関心に関する質問群で、両質問とも3問目は、未来へ視点を向けています。キャリア・アンカーを探りつつ、そこから未来へ視点を移す機会は、最終段階となるキャリア・ビジョンの創造へのよきヒントとなります。

　第5章のWANTSのワークで、もう一度、本シートを見直すことを参加者に勧めています。

ワーク❸
イメージ遊び

ワークのねらい

① キャリア・アンカーの中で、強み（能力）は、比較的容易に把握することができます。その一方で、興味・関心や価値観や意味づけを探り出すには困難を要します。本ワークは、遊び感覚を用いながら、興味・関心や価値観を探り出すきっかけをつくります。

② 本ワークは、①の目的のみならず、見方を変えると、キャリア・ビジョンへの方向性やヒントを導くこともできます。

進め方

① 思いきりイメージを膨らませ、イマジネーションを全開にしてみましょう。STEP 1の枠に、あなたがこれまでに一度でもやってみたい、なりたい、あこがれた職業を書き続けてください。価値判断や懸念は禁物です。とにかく遊びだと思って、楽しみながら、思い起こしてください。

② STEP 2では、書き出した内容を見渡して、何か共通項や一貫したテーマがないかを検討します。上記が叶ったその暁に味わえる感覚を共通項として、いくつかのグループに分類できるかもしれません。あるいは、その夢の仕事や行為には、何か共通の目的や性質があり、それを軸に分類できるかもしれません。

Career Design

イメージ遊び

STEP1

> 例：歌手、俳優、芸術家、音楽家、サッカー選手、プロ野球選手、偉大な経営者、エッセイスト、ファッションデザイナー、グラフィックデザイナー、建築家、イタリアの旅行ガイド、演出家、詩人、考古学者、金メダリスト、セラピスト、講師、司会者、マーチャンダイザー

STEP2

> 例：**人を感動させられる**：歌手、俳優、芸術家、音楽家、エッセイスト、金メダリスト…
> **後世に形を残せる**：建築家、ファッションデザイナー、グラフィックデザイナー…
> **芸術性を発揮できる**：デザイナー、講師、演出家、建築家…
> **影響を与える**：偉大な経営者、演出家、司会者、マーチャンダイザー…

ふりかえり&まとめ

　記入事例をご覧ください。これは筆者の一例です。先入観を持たず実施してみると、常々興味を抱いていたり、大切だと考えていたりする事柄が浮かび上がりびっくりします。

　テレビなどで、人を感動させている仕事にふれると羨望（せんぼう）の眼差しで食い入ってしまいます。「素晴らしいなぁ！」「見習いたいなぁ！」と声を震わせている自分がいます。妻が横にいると「あなただって人を感動させ、よい影響を与えているじゃない！」とフォローしてくれ、それなりに誇らしく思いますが、それでも楽器ひとつ、歌声だけで、人に感動を与え、数万人の観客に影響を与えることに憧れをいだきます。それだけに、自分自身も研鑽（けんさん）を続け、少しでも自分のおかれた専門分野で、歌手や金メダリストに近づきたい。そう自分を叱咤激励しています。

　また、筆者はスタッフに「研修は一面、芸術ともいえるよね。講師が主人公になってはいけないけれど、参加者の方々にいかに気づいていただけるか、学んでいただけるか、そのことを追及し続けるアーチストなのかも」と照れながら語ることがあります。そのことがしっかりと描かれており、より自覚を強くしました。

　上記のように、このワークは、興味・関心であったり、価値観を見出すワークでありながら、憧れたり、やりたい職業をテーマにすることで、キャリア・ビジョンへの方向性であったり、ヒントも同時に導き出してくれます。そのため、ここでは、STEP 2の共通項が現在の仕事の中に完璧とはいえないまでも組み入れられているか、そうでなければ、少しだけでも、組み入れるとしたら、どうしたらよいか、グループで対話の時間を設けるように心がけています。

Career Design

ワーク ❹

バリューカードを活用して価値観を探り出そう

ワークのねらい

① 筆者は、キャリア・アンカーの中で、価値観がもっとも重要なものだと考えています。本ワークは、バリューカード（価値観カード）を用いて、価値観を探り出します。
※バリューカード（価値観カード）は、ライフデザイン研究所より頒布もしています。

② 下記のとおり、カードを用いたいくつかのアイデアを紹介します。対象者や目的に応じて、使い分けてください。

活用方法&進め方

[活用方法１：キャリアの軌跡にカードを並べる]

① シート「キャリアの軌跡ⅠorⅡ」の充実度＆満足度（こころの動き）をなぞりながら、そのプラスの山、マイナスの谷の部分に該当すると感じられるバリューカードを置いていきます。それぞれの山や谷で、重複する価値観があれば、付箋で印をしたり、無記入のバリューカードに該当する価値観を記入して追加してください。

② 置き終わったら、少し俯瞰する位置から全体を眺めてみます。カードが共通する価値観はないか、もちろん、枚数よりも、そのバリューカードを置いたときのしっくり感、納得感はどうか……など、こころの温度計を敏感に感じてみます。そして、大切にしている上位５つのバリューカードを抽出します。

③ 上位５つをメンバーに説明し、メンバーはオープン・クエスチョンや主観を用い、さらに深めたり、広げたりするサポートをします。

例１：「○○の価値観よりも、□□の価値観のほうがわたしにはピッタリくるなぁ。なぜならば、◇◇のとき、☆☆と言っていたでしょ」

例２：「バリューカードにはなかったかと思うんだけど、○○のほうがピッタリくるような感じがしましたがどう思いますか？」

[活用方法２：バリューカードのマッピング]

① バリューカードを「活用方法１」と同じ方法で絞り込みます。

② 絞り終えたカードをシート「価値観の見取り図」（P44）に、最も大切にしていると思う価

値観を中心に置き、その中心から外側になればなるほど、価値観の重要度が低くなるように配置します。また、似ていると思われる価値観同士を近くに配置します。
③　マッピングが完成したら、批判や否定することなく、中心から具体的に確認作業に入ります。その価値観を日常の生活で具体的にどのように大切にしているか（活かしているか、役立てているか）などをメンバーと語り合います。

［活用方法３：価値観の重要度づけ］
①　最初に直感で、全部のバリューカードを１枚ずつ、自分に相応しいか「YES」or「NO」で、瞬時に判断します。YESがあまり多く残りすぎないように、YESの基準を少し高くこころの中で設定して臨むことがコツです。
②　YESのカードを机に並べ、さらに10枚に絞ります。次に、10枚のカードすべてで100％とし、それぞれの価値観の持つ割合をパーセントで表現します。順位づけができたら、シート「価値観の重要度」の円グラフに全部で100％になるように記入します。
③　円グラフを書き終えたら、グループのメンバーと見せ合いながら、グループで対話の時間を設けます。

［活用方法４：価値観の吟味］
①　バリューカードを「活用方法３」と同じ方法で絞り込みます。10枚ほどに絞り込めたら、重要度順に机の上に並べます。その並びに対し、メンバーから、いろいろな角度からの質問をもらい、優先順位づけがしっくりくるかどうか（正しいかどうか）を吟味します。
　私たちは、いろいろな価値観を持ち、それぞれの価値観が矛盾していたりします。たとえば、「バランス」という価値観を大切にしている人が、その一方で、「一貫性」という価値観で意見を貫いていたりします。また、「スピード」を大切にしている人が、「吟味」とか「こだわり」などの時間を要する価値観を大切にしていたりします。つまり、私たちは、どちらの価値観も重要で、場面場面で価値観を使い分けていることがうかがえます。一見、矛盾しているように思えますが、その人の中ではしっくりきているのです。
　ただ、重要度づけとなると本人も日頃、価値観の重要度など考える機会がないため、メンバーから質問をもらうと、たじたじだったりします。しかし、その質問の過程で、まったく新しい価値観を大切にしていることに気づいたり、もっと自分にしっくりくる言葉に微修正できたり……と自己修正がはじまります。
　ですから、筆者は、バリューカードにこだわりすぎず、それをきっかけにして、よりしっくりくる価値観と出合うためのコミュニケーション・ツール（他者とのコミュニケーションと自己とのコミュニケーション）としてとらえています。

［活用方法5：価値観のグルーピングから文章化］
① これからのビジネス生活（人生）において、大切にしたいものを50枚ほど選び、その50枚をさらに25枚ほどに絞り込みます。
② 25枚のカードを分類し、近いものを集めて配置し、関連図を作成します。
③ グループごとにタイトルを付けます。
④ 配置されたバリューカードを眺め、それらをすべて1つの文章に起こします。
⑤ 文章が完成したところで、グループで紹介し合います。それぞれメンバーは感想を述べ合います。

価値観の見取り図

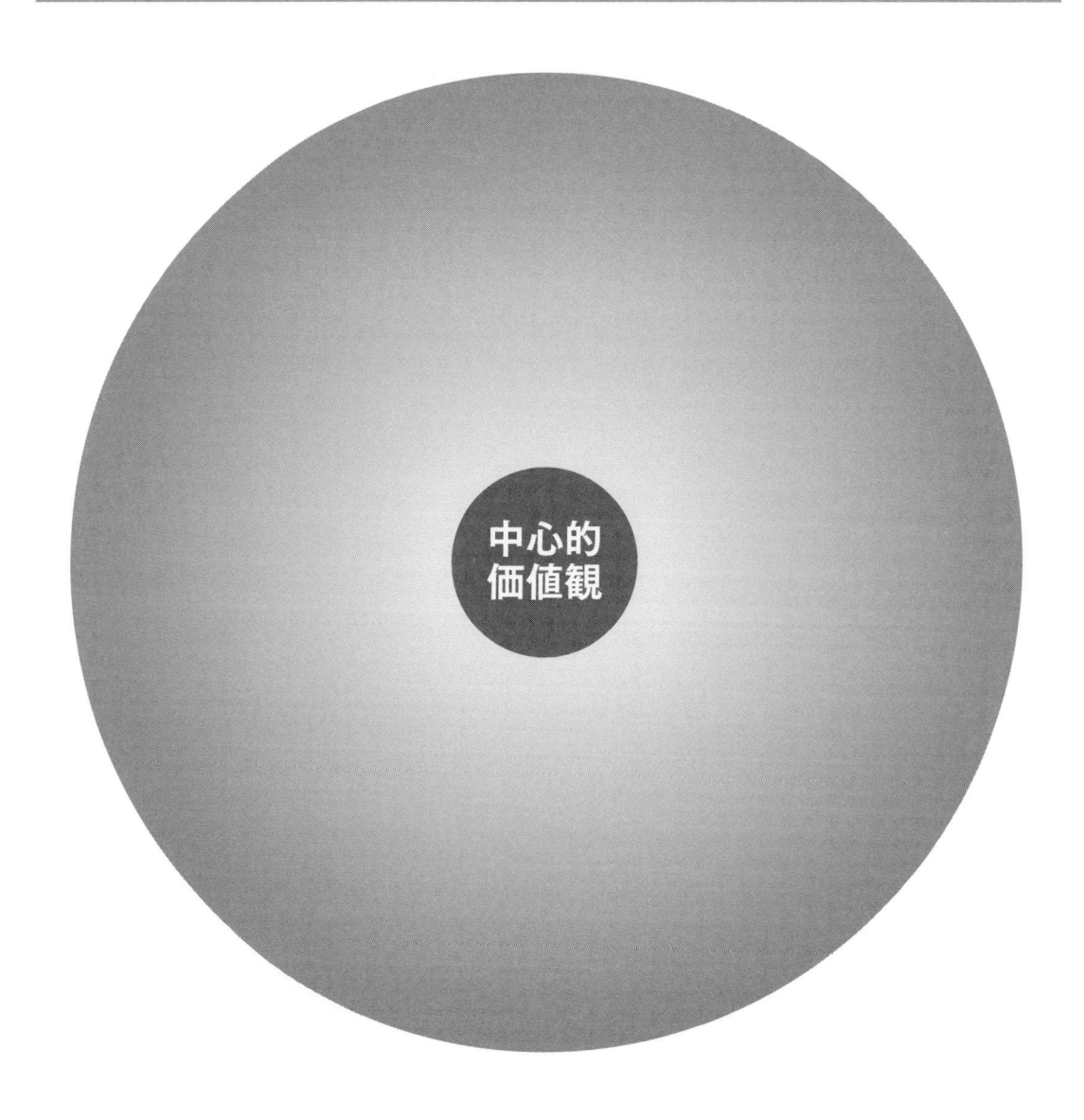

価値観の重要度

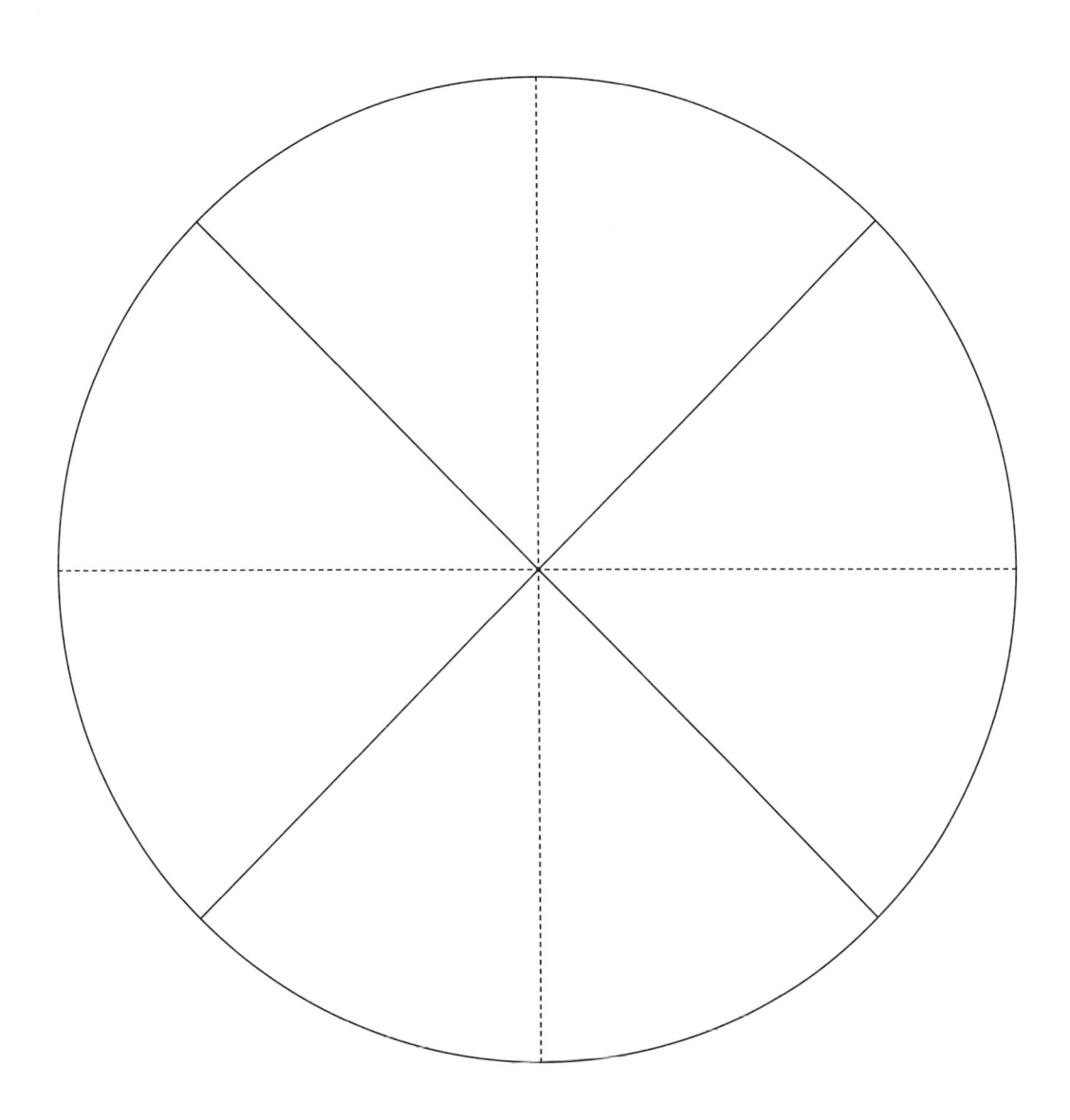

Career Design

ふりかえり&まとめ

　上記のとおり、筆者は価値観がたいへん重要と考え、価値観を探り出すアイデアをいろいろと工夫しているのですが、シンプルながら、バリューカード（価値観カード）の活用が効果的ではないかと考えています。

　そこで、ライフデザイン研究所では、オリジナルのバリューカードを作成し、研修で用いています（頒布もしていますので、ご入り用の際は、弊所のHPより注文してください）。無記入のカード5枚と併せて、100枚ほどで構成されています。カードには、価値観のキーワード、そして、その意味が小文字で表現されています。

　ふだんの生活では、自分がどのようなことを重視して物事を判断し、行動しているか、なかなか意識することはありませんが、就職や転職、昇進など大きなキャリアの転機においては、しっかりと自分の価値観を明確にしておくことが求められます。

　今の仕事の上で、あなたが大切にしたい価値観が満たされていない部分があったとしても、ほかの役割（例：夫・父親など）の中でその価値観が満たされていれば、それもよしといえます。たとえば、「芸術性」という価値観を大切にしているとしましょう。本来であれば、仕事の中で、「芸術性」という価値観を存分に満たせればよいのですが、それが叶わないのであれば、仕事の帰りや週末など、プライベートの趣味で、絵画や美術館巡りなどをするのも一案です。幸せで充実した人生を送るためには、仕事だけで大切な価値観をすべて満たさなければならないということはありません。

　ただ、できれば、仕事の中で工夫をして、その「芸術性」を盛り込もうと仕掛けることも試みてほしいのです。筆者の場合、お客様のニーズに合わせ研修の内容をカスタマイズする過程で、物づ

くりの過程と同じような感覚で研修プログラムを作成しているように思います。大袈裟かもしれませんが、ご依頼いただいた研修一つひとつを大切な作品のような（芸術家が作品を生み出すような）感覚で仕事をすることで、講師業において、「芸術性」に触れられている……そんな感覚がわたしの中に存在します。

　話は脱線しますが、よく芸能人の離婚会見などで、離婚の理由を問われると、多くの場合、「価値観の不一致」と答えています。なぜ、結婚前や結婚直後にお互いの価値観をすり合わせておかないのでしょうか。

　お互いに相手の価値観を理解することが大切で、決して一致させたり、無理矢理相手に合わせたりする必要はありません。価値観が違うということは、自分にないものを相手から学べる機会になるわけですから、違うことで学び合い、成長し合える夫婦もあります。大切なのは、「そんなことを大切にしているとは思わなかった」ということが危機的状態になってはじめてわかるのではなく、あらかじめ相手の価値観を理解しておくことです。

　相手の価値観を理解すると、何かの判断をする際に、相手の視点に立てますし、少なくとも相手の決断を理解できる大切なアンテナになります。

　家庭がより円満になれば、必ずや仕事にもよい影響を与えます。そのため、筆者はバリューカードを研修のためのツールにとどめることなく、できれば参加者に持ち帰っていただき、夫婦で活用することを推奨しています。幸いなことに、これまでバリューカードを活用したすべての企業で賛同いただき、参加者にプレゼントしています（家庭での後日談が人事担当者の耳にも入っているようです）。

家庭におけるバリューカードの活用

　ぜひ、家庭で上記の活用方法の１つを実施してください。そして、家族（夫婦）で大切にする価値観についてじっくりと対話をし、相手が大切にしている価値観を互いにメモをしたり、相手のバリューカードを持ち歩いたり、シート「わが家の価値観定義リスト」を仕上げたりしながら、よりよい家庭づくりに結びつけてほしいと思います。

　余談ですが、筆者の家庭では、バリューカードを印刷業者に発注する最終段階で、スタッフがまとめた内容を夫婦で吟味する時間を設けました。バリューカードが多すぎないか、入れ替える価値観はないか、価値観の解説は適切か……などを話し合った後、シート「価値観の見取り図」をそれぞれが作成し、率直な対話をしました。もともと、会話の多い夫婦ですから、思いもよらぬ驚きはありませんでしたが、中心から遠く位置している価値観あたりになると、「へぇー、そうなんだ」「あのときは、そんなふうに思っていたんだ」「○○のときは、この価値観がひっかかっていたんだね」などと、会話が盛り上がり、相互理解が得られました。

わが家の価値観定義リスト

価値観	わが家の定義（行動基準）
本音	オブラートに包まず、ありのままの自分の考えや気持ちを大切にする。本音で語り、本音でけんかができる。

価値観の大切さ（ドナルド・E・スーパー）

参考までに、スーパーは後年、私たちが労働を通じて得ようとするさまざまな価値をリストにし、下記の14種類を発表しています。

価値観	内容
能力の活用	自分のスキルや知識を発揮できるか
達成	よい結果が得られたという実感が持てるか
美的追求	美しいものを見出したり、創り出したりできるか
愛他性	人の役に立てるか
自律	自律できるか
創造性	新しいものや考えを発見したり、デザインできるか
経済的報酬	お金を稼ぎ、高水準の生活が送れるか
ライフスタイル	自分の行動を自分で計画し、望む生き方ができるか
具体的活動	からだを動かす機会が持てるか
社会的評価	成果を周囲から認めてもらえるか
危険性	リスクを伴う、ワクワクするような体験ができるか
社会的交流性	ほかの人と一緒にグループとして働けるか
多様性	さまざまな活動に従事できるか
環境	仕事やそのほかの活動にとって心地よい環境か

キャリア・アンカーにこだわりつつ、こだわりすぎない

　これまで、キャリア・アンカーを探し出すことに費やしてきましたが、キャリア・アンカーを絶対化するのではなく、しなやかに柔軟に歩む姿勢も大切です。キャリア・アンカーを土台にして描いたビジョンを歩きはじめたら、そこに描かれていない、キャリア・アンカーとは別の方向に惹きつけられるほどの魅力を感じたとします。そうしたら、そちらへ歩いていくことを柔軟に判断してもよいのです。あまりにもこだわりすぎては、キャリア・アンカーを固定化しすぎ、かえって、生きにくさや成長を阻むことになりかねません。
　「フロー理論」で有名なチクセントミハイは次のように述べています。

「私たちは行為そのものの中に見出した楽しさに動機づけられて行為する時、人は自信、満足、他者との連帯を増加させる。もしその行為が外からの圧力または報酬によって動機づけられるならば、不確実性、欲求不満、および疎外感を経験する」と。

　私たちが行為の中に楽しみを見出し、その楽しみ自体がその行為の最大の動機かつ報酬になっている場合を「自己目的的」と呼び、そうした自己目的的活動に没入しているときに感じる感覚を「フロー」と呼びます。

　「プランド・ハプンスタンス理論」を唱えたジョン・D・クランボルツ教授が提唱したキャリア論があります。彼は、「キャリアは100％自分の思い通りにコントロールできるものではなく、人生の中で偶然に起こる予期せぬさまざまな出来事によって決定される事実があり、大切なことは、その偶発的な出来事を主体性や努力によって最大限に活用し、チャンスに変えること」だと述べました。偶発的な出来事を意図的に生み出すように積極的に行動するためには、好奇心、持続性、柔軟性、楽観性、冒険心を持つことが大切だとアドバイスをしてくれています。

- 好奇心……自分の好奇心を刺激するようなものを探す、それに従って取り組み、それを学習の機会に変える
- 持続性……失敗に屈せず努力をすること
- 柔軟性……信念、概念、態度、行動を変えること
- 楽観性……新しい機会が「必ず実現する」「可能となる」ととらえること
- 冒険心（リスク・テイキング）……今もっている何かを失う可能性よりも、新しく得られる可能性に懸けてみる

ワーク ❺
ワクワク&ウキウキの列挙

ワークのねらい

① ワクワクしたり、ウキウキしたりする経験から、キャリア・アンカーの「興味・関心」を探り出します。
② キャリア・アンカーを探索する作業は悩むことの多い作業です。このワークは、そのような過程において、たいへん盛り上がり、楽しく探索できる数少ないワークです。このようなワークを"もがき""あがく"過程に組み入れることは、よい意味で思考のあそび（クッション）となり、その後のワークに集中力を取り戻すことができます。

進め方

① シート「ワクワク&ウキウキの列挙」を準備し、メンバーのひとりに書記を依頼します。書記は、左枠に、当事者がワクワクしたり、ウキウキしたりすることをすべて書き出します。
② グループメンバーは、「楽しいと感じるときって？」「満足しているときは？」「誰といるのが楽しい？」「先週、大笑いしたことは？」「生きていてよかったと思えた瞬間は？」などと、ワクワクやウキウキするであろう状況を質問し続けます。本人は、その質問に答え続けます。
③ 1つの回答を得るたびに、そのワクワクやウキウキの本質の要素を見つけていきます。たとえば、「好きなところは自分の部屋 ⇒ 落ち着いて物事を深く考えられ、未来を想像できるから」。つまり、「探求」や「イマジネーション」が当事者のワクワクやウキウキの源泉となります。

Career Design

ワクワク＆ウキウキの列挙

ワクワク＆ウキウキ	→ それはなぜ？
例：自分の部屋	例：探求、イマジネーション

気づいたこと、学んだこと（興味＆関心のまとめ）

ふりかえり&まとめ

「何かおもしろい仕事はないかなぁ」「楽しい仕事と出合えないかなぁ」ということが口癖の人がいますが、こういう人はほとんどおもしろい仕事に巡り合えません。

私たちは、どうしても他人の芝生が青く見えるものです。「IT業界に行けばおもしろい仕事がありそうだ」「マーケティングの部署に異動できれば楽しいだろうなぁ」などと思っている人は実は何度仕事を変わってもいい仕事にありつけません。

ところが、仕事を楽しんでおもしろがって、「はまって」やってきたような人たちの話を聞くと、おもしろい仕事を探してきたのではなく、仕事をおもしろくする努力に長けているということがわかります。「青い鳥」を探すように、どこかにおもしろい仕事が存在するに違いないという放浪の旅はやめるべきです。

仕事が与えられるものだと思っているうちは、おもしろい仕事を探すことになりますが、自分で創るもの、工夫するものと発想を変えて、おもしろい仕事を作ってしまえばいいのです。

動機とマッチングした知識やスキル（能力）を仕事の中で存分に活用し、大きな成長実績を上げたときほど充実感が得られます。しかし、早い段階からこの選択を行うのは得策ではありません。なぜならば、未開発の知識やスキルで動機とのマッチングを図ろうとするとキャリアの幅を狭め、柔軟性に欠けたキャリアになる危険性があるからです。

幸せなキャリアを創るとき、動機が原点になります。単に今ある知識やスキルとのマッチングではなく、動機とできる限りマッチングするキャリアを切り拓いていくことが大切です。

> 「これを知る者はこれを好む者に如かず。これを好む者はこれを楽しむ者に如かず」　　　　（孔子）

幸せなキャリア選択

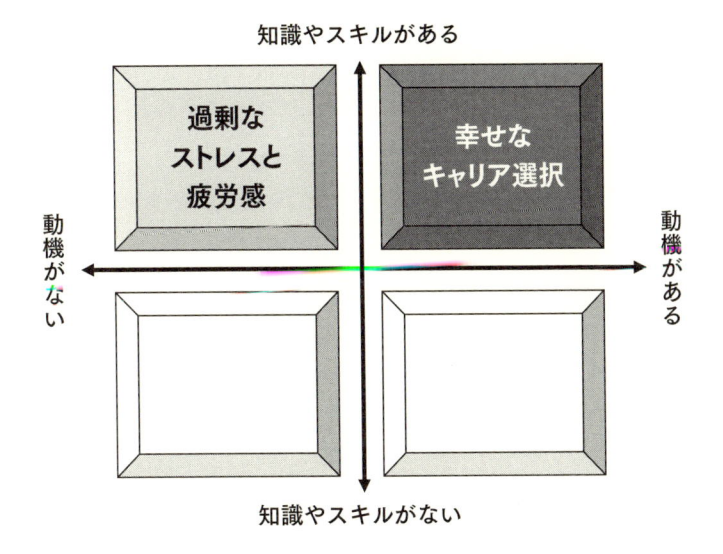

Career Design

ワーク ❻

上司・先輩・同僚からの
フィードバック（事前課題）

ワークのねらい

① 参加者本人の事前課題は、キャリアデザイン研修を受講するに際し、レディネスを高めます。
② 研修当日のみがキャリアを考える時間ではなく、キャリアは日頃から模索するという自覚や意味合いを醸成します。
③ 事前課題に取り組むことで、キャリアをデザインすることへの抵抗や障壁を軽減でき、スムーズに研修当日を迎えられます。
④ 職場の身近な上司・先輩、同僚から、具体的なフィードバックを得ることで、自己理解を深めるとともに、NEEDSを再確認できます。

進め方

① 参加者には、事前にシート「研修事前課題Ⅰ」として、2ページを記入（P56、57）し、研修当日に持参していただきます（コピーを1部受付時に提出します）。場合によっては、あらかじめ提出してもらい、講師ファシリテーターが目を通しておきます（人事担当者の希望など）。
② 参加者の上司・先輩：2名以上、同僚：2名以上から、シート「研修事前アンケート」（P58、59）の記入を依頼し、あらかじめ人事へ提出します。この時間帯に各参加者に配布をし、次の手順で整理をします。
　　注：筆者は上司・先輩らのシートを拝見し、どれだけ研修に熱意を込め、参加者を送り出しているか、OFF-JTを部下育成に活かしきろうとする自覚（責任）があるか、また、人事部の取り組みと現場との研修実施に関する意識の乖離がないかなどを把握しています。
③ 参加者自身のチェックリストの各問の数字を黒の実線で結びます。上司・先輩も同じようにチェックリストの各問の平均点を算出し、赤色の実線で結びます。同じように同僚は青色の実線で結びます。
④ 自分と上司・先輩、同僚との得点に乖離がある項目は、自己理解できていないと考えられるので、より自覚するために、質問自体に蛍光ペンで印をつけます。P59の記入式シートは、気になる内容、重要だと考えられる内容に蛍光ペンでアンダーラインを引き、WANTSで活かします。
⑤ 上記の準備が整ったら、ペアで、③で作成したチェックリスト、そして、記入式の蛍光ペ

の箇所を紹介し合います。

＊本ワークシートの他、2種類の「研修事前課題シート」(P60～63) を事例として用意しました。対象者の階層や課題、キャリアデザイン研修に求めるニーズなどに応じて、カスタマイズして用いています。

Career Design

研修事前課題 I

注： 　年　月　日の研修当日に下記のチェックと記入を終えて研修会場にご持参ください。

部署名：　　　　　　　氏名：

	質問項目	不十分　　十分
理解力	①職場の方針や部門の目標などに関心をもち、理解するように心掛けている	1－2－3－4
	②自分の属する組織がどのような方向に進もうとしているかをよく知っている	1－2－3－4
	③担当職務の目的を明確にし、自分なりに判断して進めている	1－2－3－4
	④仕事の進め方の基本を理解し、その通りに進めることができる	1－2－3－4
	⑤重要度と緊急度を考え、常に優先順位を考慮して仕事をしている	1－2－3－4
	⑥仕事を始める前には計画をきちんと立て、必ず準備を行ってから取り組んでいる	1－2－3－4
創意工夫力	①問題を見つけたら、その原因を考えて根本的な対策を立てている	1－2－3－4
	②ムリ・ムダ・ムラが発生しないよう常に意識して仕事に取り組んでいる	1－2－3－4
	③担当する業務全般にわたって問題意識を持ち、効率への工夫をしている	1－2－3－4
	④仕事の現状を分析し、その問題点を的確に読み取るように心掛けている	1－2－3－4
	⑤改善すべきことを見出したら、上司や先輩などに対して具体的な提案をしている	1－2－3－4
	⑥アイデアを発想したり、新しい方法などに対して興味を常に持ち続けている	1－2－3－4
企画実行力	①自分の仕事の中で、現在解決すべき問題は何なのかを常に把握している	1－2－3－4
	②部門の方針に沿った自主的な企画案を行うことができる	1－2－3－4
	③仕事上の目標を自分なりに立て、達成のための具体的な手順や方法を考えている	1－2－3－4
	④豊かな発想と斬新なアイデアで、効果的な企画を立てることができる	1－2－3－4
	⑤常に部門の利益に貢献し、周囲の人が納得するような企画を考えている	1－2－3－4
	⑥企画の提案の仕方を工夫するとともに、実現の可能性を考えて計画を立てている	1－2－3－4
表現力	①相手の説得にあたり、事実に基づいて冷静かつ論理的に説明し、納得を得ている	1－2－3－4
	②相手の反応を確認しながら、話し方や話の内容を工夫している	1－2－3－4
	③自分の考えや言いたいことを的確に相手に伝えている	1－2－3－4
	④会議やプレゼンなどでは、段取りを考え、しっかりと組み立てられている	1－2－3－4
	⑤報告・連絡・相談は、タイミングよく的確に行っている	1－2－3－4
	⑥受命の際は、しっかりとすり合わせをし、やり直し作業などはほとんどない	1－2－3－4
指導力	①部下・後輩のレベルに合った仕事の与え方やアドバイスをしている	1－2－3－4
	②部下・後輩の行った仕事内容に対して、的確なフィードバックを行っている	1－2－3－4
	③部門の方針などを、部下・後輩にわかりやすく教えることができる	1－2－3－4
	④上司とのパイプ役として、円滑な仕事と良好な関係を維持することに努めている	1－2－3－4
	⑤部下・後輩へは、適切なしかり方とほめ方を行っている	1－2－3－4
	⑥上司の仕事に対する補佐を十分に行っている	1－2－3－4
協働力	①必要な情報収集の際は、新鮮・正確・迅速であることを常に意識している	1－2－3－4
	②多くの人とつきあい、実際の業務に必要な情報を社内外から豊富に入手している	1－2－3－4
	③目標を達成するためには、関係する人に働きかけ、納得と協力を得ている	1－2－3－4
	④相手を利用するのではなく、相手との信頼関係を第一に考えている	1－2－3－4
	⑤物事を肯定的にとらえ、失敗からも学ぼうとし、周囲を感化している	1－2－3－4
	⑥会議やミーティングではリーダーシップをとり、皆を巻き込んでいる	1－2－3－4
		合計　　　　点

仕事人生をふりかえって、"私の成功体験（職場への貢献）"を具体的に列挙してください。
失敗や反省から学んだことは何ですか。
上司や先輩から学んだことで、大切にしているのは何ですか。
あなたの使命や役割とは何ですか。
あなたにとって、働くこと、仕事をすることは、どのような意味や価値がありますか。

Career Design

研修事前課題Ⅰ　研修事前アンケート（上司・先輩・同僚）

　この度、若手対象のキャリアデザイン研修を実施します。つきましては参加者の気づきを促進するため、日頃の参加者について、以下のアンケートにご協力ください。

　上司・先輩・同僚の中で、あなたに該当する箇所に○印をご記入ください。　　上司・先輩・同僚

　参加者：＿＿＿＿＿＿＿＿＿＿さんについて、率直にお答えください。

　以下の各質問項目に対し、1点から4点まで評点し、合計点を記載してください。

	質問項目	不十分　　十分
理解力	①職場の方針や部門の目標などに関心をもち、理解するように心掛けている	1－2－3－4
	②自分の属する組織がどのような方向に進もうとしているかをよく知っている	1－2－3－4
	③担当職務の目的を明確にし、自分なりに判断して進めている	1－2－3－4
	④仕事の進め方の基本を理解し、その通りに進めることができる	1－2－3－4
	⑤重要度と緊急度を考え、常に優先順位を考慮して仕事をしている	1－2－3－4
	⑥仕事を始める前には計画をきちんと立て、必ず準備を行ってから取り組んでいる	1－2－3－4
創意工夫力	①問題を見つけたら、その原因を考えて根本的な対策を立てている	1－2－3－4
	②ムリ・ムダ・ムラが発生しないよう常に意識して仕事に取り組んでいる	1－2－3－4
	③担当する業務全般にわたって問題意識を持ち、効率への工夫をしている	1－2－3－4
	④仕事の現状を分析し、その問題点を的確に読み取るように心掛けている	1－2－3－4
	⑤改善すべきことを見出したら、上司や先輩などに対して具体的な提案をしている	1－2－3－4
	⑥アイデアを発想したり、新しい方法などに対して興味を常に持ち続けている	1－2－3－4
企画実行力	①自分の仕事の中で、現在解決すべき問題は何なのかを常に把握している	1－2－3－4
	②部門の方針に沿った自主的な企画案を行うことができる	1－2－3－4
	③仕事上の目標を自分なりに立て、達成のための具体的な手順や方法を考えている	1－2－3－4
	④豊かな発想と斬新なアイデアで、効果的な企画を立てることができる	1－2－3－4
	⑤常に部門の利益に貢献し、周囲の人が納得するような企画を考えている	1－2－3－4
	⑥企画の提案の仕方を工夫するとともに、実現の可能性を考えて計画を立てている	1－2－3－4
表現力	①相手の説得にあたり、事実に基づいて冷静かつ論理的に説明し、納得を得ている	1－2－3－4
	②相手の反応を確認しながら、話し方や話の内容を工夫している	1－2－3－4
	③自分の考えや言いたいことを的確に相手に伝えている	1－2－3－4
	④会議やプレゼンなどでは、段取りを考え、しっかりと組み立てられている	1－2－3－4
	⑤報告・連絡・相談は、タイミングよく的確に行っている	1－2－3－4
	⑥受命の際は、しっかりとすり合わせをし、やり直し作業などはほとんどない	1－2－3－4
指導力	①部下・後輩のレベルに合った仕事の与え方やアドバイスをしている	1－2－3－4
	②部下・後輩の行った仕事内容に対して、的確なフィードバックを行っている	1－2－3－4
	③部門の方針などを、部下・後輩にわかりやすく教えることができる	1－2－3－4
	④上司とのパイプ役として、円滑な仕事と良好な関係を維持することに努めている	1－2－3－4
	⑤部下・後輩へは、適切なしかり方とほめ方を行っている	1－2－3－4
	⑥上司の仕事に対する補佐を十分に行っている	1－2－3－4
協働力	①必要な情報収集の際は、新鮮・正確・迅速であることを常に意識している	1－2　3－4
	②多くの人とつきあい、実際の業務に必要な情報を社内外から豊富に入手している	1－2－3－4
	③目標を達成するためには、関係する人に働きかけ、納得と協力を得ている	1－2－3－4
	④相手を利用するのではなく、相手との信頼関係を第一に考えている	1－2－3－4
	⑤物事を肯定的にとらえ、失敗からも学ぼうとし、周囲を感化している	1－2－3－4
	⑥会議やミーティングではリーダーシップをとり、皆を巻き込んでいる	1－2－3－4
		合計　　　点

第3章 ◆ やれること"SEEDS"の自己理解

> 研修参加者の成長を真に願い、責任をもって、すべての項目にご記入ください！

1．キャリアデザイン研修において、彼（彼女）に期待することは何ですか。

2．彼（彼女）の長所や日頃感じている強みを列挙してください。

　①＿＿＿＿＿＿＿＿＿＿＿＿＿＿＿＿＿＿＿＿＿＿＿＿＿＿＿＿＿＿＿＿＿＿＿＿

　②＿＿＿＿＿＿＿＿＿＿＿＿＿＿＿＿＿＿＿＿＿＿＿＿＿＿＿＿＿＿＿＿＿＿＿＿

　③＿＿＿＿＿＿＿＿＿＿＿＿＿＿＿＿＿＿＿＿＿＿＿＿＿＿＿＿＿＿＿＿＿＿＿＿

3．彼（彼女）へのアドバイス
　　日頃より、彼(彼女)に気づいてほしいこと、考えてほしいこと、改善してほしいこと

　①＿＿＿＿＿＿＿＿＿＿＿＿＿＿＿＿＿＿＿＿＿＿＿＿＿＿＿＿＿＿＿＿＿＿＿＿

　②＿＿＿＿＿＿＿＿＿＿＿＿＿＿＿＿＿＿＿＿＿＿＿＿＿＿＿＿＿＿＿＿＿＿＿＿

4．今後、彼（彼女）に期待する役割・使命とは

```
┌────────────────────────────────────────────┐
│                                            │
│                                            │
│                                            │
│                                            │
└────────────────────────────────────────────┘
```

5．ステップアップをはかるための課題
　　彼（彼女）が、今後3〜5年の間に身につけるとよいこと、習得すべきことなど

　①＿＿＿＿＿＿＿＿＿＿＿＿＿＿＿＿＿＿＿＿＿＿＿＿＿＿＿＿＿＿＿＿＿＿＿＿

　②＿＿＿＿＿＿＿＿＿＿＿＿＿＿＿＿＿＿＿＿＿＿＿＿＿＿＿＿＿＿＿＿＿＿＿＿

　③＿＿＿＿＿＿＿＿＿＿＿＿＿＿＿＿＿＿＿＿＿＿＿＿＿＿＿＿＿＿＿＿＿＿＿＿

　　提出先：人材開発部　　　提出期限：　　　年　　月　　日

Career Design

研修事前課題 Ⅱ

環境変化とあなたに期待される役割

①現在直面している変化

②将来予想される変化

③周囲から期待される役割

上司コメント欄　　　　　　　　　　上司：氏名＿＿＿＿＿＿＿＿＿＿

①研修で気づいてほしいこと（学んでほしいこと）

②研修終了後の期待イメージ（例：研修ルームを出る姿）

提出期限：　　　　月　　日（　）

部署名：＿＿＿＿＿＿＿＿＿　　氏名：＿＿＿＿＿＿＿＿＿

| あなたの強み（長所）、大切にしている価値観など |

| あなたの弱み（短所）、問題や課題 |

Career Design

研修事前課題Ⅲ　現状の棚卸しシート

提出期限：　　　年　　月　　日

部署名：

氏　名：

1．私の主な担当業務
2．担当業務遂行上、留意（努力）していること
3．私の果たすべき役割・使命
4．これまでの主な実績や経歴
5．長所、特技、PRポイント、得意なこと

6．仕事上の悩み、問題、気がかりなこと

7．仕事上のやりがいや働きがい、喜びや満足を感じていること

8．理想のリーダー像
専門知識・スキル面
人間性（人間的魅力）その他

9．上司からのコメント
上司からみた参加者の長所や強み、好感の持てる点
今後、強化・改善すべき点、留意すべき点
3年から5年後へ向けての期待

ワーク❼

働く意味、仕事の価値

ワークのねらい

① いま、私たちに求められているのは、「職業意識」の再確認であり、自覚です。「働くこと」「仕事をすること」を意味の側面から、価値の側面から、質の側面から語り合うことで、私たちの働く原点を再発見します。
② 「働く意味」を考えることは、「満足した仕事人生」を送るための究極のハウツーです。自分がどのように（HOW）働いたらよいのかは、なぜ（WHY）働くのかにあるからです。

進め方

① テーマ例：「働くこと、仕事をすること」
　　　　　　「よい仕事とは」
　　　　　　「充実した仕事人生を歩むには」
　　　　　　「働きがいとは」
　　　　　　「働く上で大切にしていること」
　　　　　　「働きがいを実感しながら働くためには」
　　など、対象者の階層や職種などと照らし合わせて、テーマを選定します。
② 選定した数点のテーマをもとにグループで対話をし、発表できるように模造紙にまとめます。各色の水性マジック、付箋、色鉛筆、クレヨン、定規などを準備します。
③ 模造紙へのまとめ方は、基本的に自由です。場合によっては、KJ法や特性要因図、ロジックツリーなどを解説しますが、絵や図を自由に用いて、聞き手にわかりやすくまとめてほしいと告げるだけのほうが、かえって自由な発想を摘み取ることなく、想像以上の出来栄えだったりします。

ふりかえり&まとめ

多くの学生は、入社試験時に「自分は○○の役に立ちたい」「わたしは◇◇に貢献したく御社を選びました」などと入社の動機や働く意味を抱きます。ところが、入社後、忙しく働き続けていると、徐々に余裕がなくなり、目の前の業務に追われ、入社前や入社時の想いや目的、意味を見失っ

セルフエンパワーされたと感じるとき

1. 自分のやっていることに深い**意味**を感じられるとき
2. "こんなことができてしまう"と、自分が自分を素直に褒められる**自己有能感**を感じられたとき
3. 他者に言われたことをコツコツとやるのではなく、自分でやりたいと思ったことをしているという意味で**自己決定**できているとき
4. 実際に何かが変わり始めたという感触がしっかりとあったという意味で、**インパクト**があったとき

てしまいます。

　その結果、ストレスを抱え、メンタル不調や新型うつの発症へ移行することもあります。本当にストレスなのは、仕事量が多いことではなく、意味が感じられないまま、すべき仕事が多いことなのではないでしょうか。

　昔は働かないと実際生きていけなかったという状況がありました。だから働く意味を考えずに済んだということもあるでしょう。今は、ある意味、働かなくても生きていける時代です。だからこそ、働くために「働く意味」を考えることが大切になってきているのではないでしょうか。

　いま、私たちに求められているのは、このような職業意識の再確認であり、自覚ではないかと痛感しています。

> 「人間とは意味を求める存在である。意味を探し求める人間が、意味の鉱脈を掘り当てるならば、そのとき人間は幸福になる」
> 　　　　　　　　　　　　　　　　　　　　　　　　　　　　（ヴィクトール・フランクル）

　ドストエフスキーが『地下室の手記』で示唆した懲罰に、「重犯罪人に自分の罪を思い知らせるなら、土を掘り移動させてそれをまた元に戻す。ということをさせればよいのだ。しかし、それは全く拷問と同じことになって、精神に異常をきたすだろう」と言っています。

　また、アルベール・カミュの『シーシュポスの神話』では、シーシュポスは神々の怒りを買ってしまい大きな岩を山頂に押して運ぶという罰を受けました。彼は神々の言いつけどおりに岩を運ぶのですが、山頂に運び終えたその瞬間に岩は転がり落ち、何度も何度も同じことを繰り返すのです。

　シーシュポスの辛さは、重い岩を山頂に運ぶという肉体的な辛さではなく、この行為に意味（価値）がない虚しさです。このような意味のない行為は、私たちのこころを蝕んでしまうのです。

　本来、このようなテーマは研修で取り上げるものではなく、日々の仕事を通して個々で育んでいくものだといえます。それは、職業意識は決して外から強制されて醸成されるものではないからで

す。しかし、講師が押しつけることなく、対話を通して自由に意見を出し合い、語り合う過程で、参加者の働くことに対する真剣さ、熱意などが互いに伝染し合うものです。これまでの研修受講後のアンケート結果や人事担当者からの感想から、たいへん意味深い時間だと理解しています。

働くことの意味

私たち人間が自分の存在意義や社会的価値を示すためには、働くこと（仕事）を通じて何らかの**価値を創造する**ことです。

働くことは、**「自分はここに生きて、存在している」**という事実を、自分に対して、そして周囲の人々や世の中に対して、はっきりと証明する行為なのです。

> 職業とは、他の誰でもない自分の生き方を創る作業

意志の強い人間に成る（芳村思風）

　人間が人間的に価値ある欲求を持つ為には、人間の本質が心であって、心とは「意味と価値を感じる感性」であることを知る必要がある。意味と価値を感じてこそ人間的な人生は生まれるのである。人間は意味を感じないとやる気にならない。人間は価値を感じないと命に火がつかない、燃えない。意味を感じないで仕事をしている時は、意味のないことをしているのである。価値を感じないで仕事をしているのは、価値のない人生を生きているのである。人生は感じてこそ人生、燃えてこそ人生である。人間は意味や価値を感じればやる気になり欲求が湧いて来て命が燃え意志が強くなるのである。このように考えれば、欲求を湧き上がらせ意志を強くする為には、いま自分がやっている仕事の意味や価値や値打ちや素晴らしさや凄さについて理性で考えて、それを感じる感性を養い成長させることが大事である。

　人間の心は、最高に意味や素晴らしさを感じれば、「このことの為になら死んでもいい」「このことの為に生きて死ねたら本望だ」という気持ちになれる。命そのものは「生きたい、生きたい」と思っているものであるが、命の最高の喜びは「死んでもよいと思えるものと出会う」ことにあるのである。その時こそ命は最高に輝き、最高に生かされ最高の喜びを感じるのである。死んでもよいと思えるほどの意味を感じた時、意志の強さは無上のものとなる。死んでもよいと思えるものを持って「生きる」ことが命を生かす生き方であり最高の意志の在り方である。

生きるとは（芳村思風）

『人間において生きるとは、
　ただ単に生き永らえることではない。
　人間において生きるとは、
　何のためにこの命を使うか、
　この命をどう生かすかということである。

　命を生かすとは、
　何かに命をかけるということである。
　だから生きるとは命をかけるということだ。
　命の最高のよろこびは、
　命をかけても惜しくない程の対象と
　出会うことにある。
　その時こそ、
　命は最も充実した生のよろこびを味わい、
　激しくも美しく燃え上がるのである。

　君は何に命をかけるか。
　君は何のためになら死ぬことができるか。

　この問いに答えることが、
　生きるということであり、
　この問いに答えることが、人生である』

「職場とは自らの存在理由であり職業とは自分を磨く道場である」

良い仕事とは（杉村芳美）

「良い仕事」は、個人にとって望ましい仕事であるとともに、人間と社会にとって望ましい仕事でもある。つまり個人に対し満足を与える仕事と、人間的・社会的に意味のある仕事の両面を意味しうる。「自己実現」の労働が個人の充足を強調する概念であり、「意味のある労働」が社会的価値、道徳的意義への広がりを含みうる概念だとすれば、その双方の側面を表現しうる仕事の概念といえる。したがって、良い仕事とは何かを考えることは、個人にとってと同時に人間と社会にとって良い仕事の意味を考えることになる。

①良い仕事は、仕事を意味あるものと見なすことを前提とする
②良い仕事は、仕事に対する真剣で責任感ある態度を求める
③良い仕事は、生活の必要を充たす
④良い仕事は、共同生活に貢献する
⑤良い仕事は、善い生き方と重なる
⑥良い仕事は、平衡のとれた生活とともにある
⑦良い仕事は、魅力的である
⑧良い仕事は、個人を成長させる
⑨良い仕事は、個人を超える価値につながる
⑩良い仕事は、求められてはじめて得られるものである
良い仕事は、仕事の内容如何によって決まるよりも、仕事への姿勢や態度によって決定される。

ワーク ❽

スキルマトリックス

ワークのねらい

① 知識スキルを整理しておくことで、キャリア・ビジョンを想像する際のヒントを得ます。
② キャリア・ビジョンを構築した後、どのように学びの習慣を築いていくか、能力を高めていくかの方向性を見出します。

進め方

① シート「キャリアの軌跡ⅠorⅡ」から知識やスキル（能力）に関するキーワードを見ながら、付箋1枚に1つの要領で書き写します。また、単に書き写すだけでなく、シートを再読しながら書き足します。
② すべて書き終えたら、シート「スキルマトリックス」に、①で記入した付箋を貼ります。今後3年から5年後を想定して、縦軸の「活用度」、横軸の「自信度」を検討しながら貼ります。すでに貼った付箋とこれから貼ろうとする付箋を比べながら縦横の位置が決まるので、貼る位置を考えすぎずに貼っていくことがコツです。
③ 貼り終えたら、グループ全員で見渡しながら、気づいた点などを意見交換します。

ふりかえり&まとめ

　右上の「活用度」も高く「自信度」も高い領域に多くの付箋が貼られていることが理想といえますが、そればかりではなく、左上も重要です。左上は、「活用度」が高いけれど、「自信度」が低いということですから、これからさらに努力をすれば右側に移行できる可能性を秘めていますし、場合によっては、すでに目標に向けて、種まきをしていると解釈することもできます。そのため、左上に付箋が少なく、右上ばかりの参加者には、苦言を呈します。

　また、右下は環境が変われば、再度、右上に復活することもあります。たとえば、異動により仕事の内容が変われば、以前のスキルが役に立つなどです。もちろん、スピードの時代ですから、そのままの状態で使えるとは思えませんが、それでも左下に位置しているよりも効率的に役立つスキルといえます。

Career Design

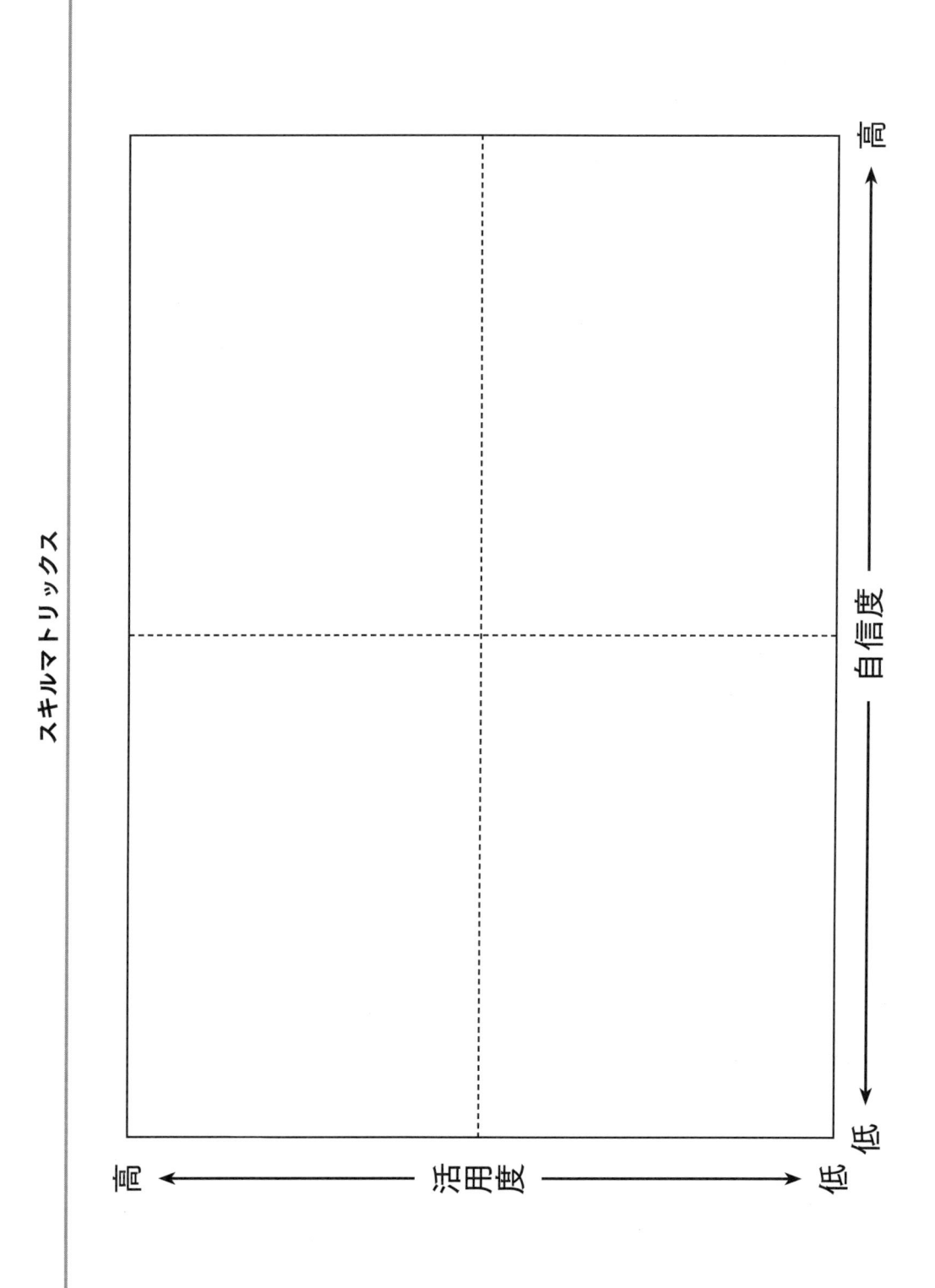

スキルマトリックス

	自信度 高 ↑
高 ← 活用度 → 低	↓ 低

スキルマトリックス

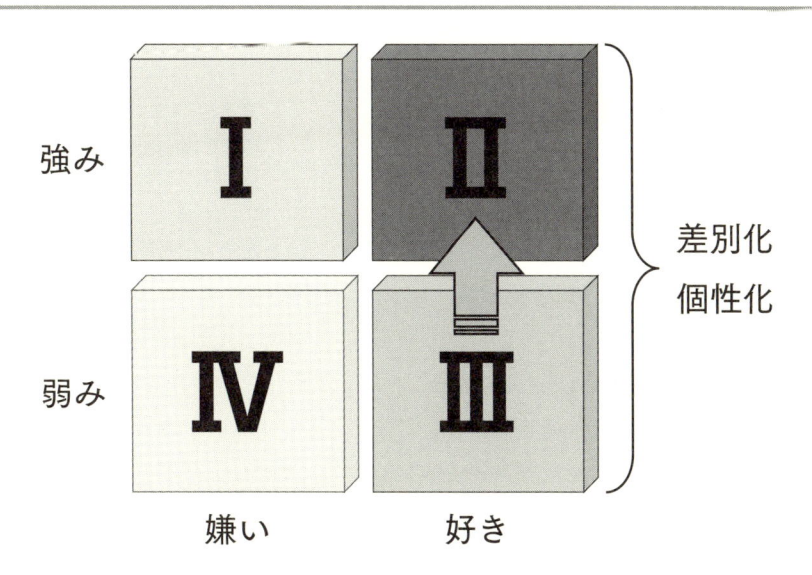

	嫌い	好き	
強み	I	II	⎫ 差別化
弱み	IV	III	⎬ 個性化

　ピーター・ドラッカーは、「強みの上に己を築け」といいましたが、もう１つ「好き・嫌い」の物差しを用意しました。仮に強みであっても、嫌いなことであれば、がんばればがんばるほどストレスが溜まりやすく、バーンアウト（燃え尽き症候群）の危険性をはらんでいます。やはり基本は、好きなことであり、それが差別化を促進し、個性化を確立させてくれます。

　私たちの信頼は、「結果の質」だけではなく、「関係の質」（周囲の方々の満足）によって獲得されます。このことに気づかずに、自分の保有能力の価値ばかりを高めていては問題が生じます。保有能力ばかりが過剰になると「知識の肥満化」現象が生じます。

　自分に対しては、これだけのことができるはずというプレッシャーとなり、周囲に対しては、もっと高いレベルのことをさせてもらって当然という高慢な態度に現れます。こうなると信頼どころか、煙たい存在となり、高いレベルの仕事からどんどん遠ざかってしまいます。

　特に保有能力の段階は、周囲の評価も得られず、空回りしがちです。この時期こそ、保有能力を獲得した投資を回収することに焦りすぎず、「関係の質」に意識を向ける必要があります。

　ときおり、資格を取得した直後に、投資回収に焦る人に出会います。多くの資格試験は、資格を取得するための勉強であり、実務とは少し距離があるものです。そのような謙虚な姿勢は微塵もなく、資格を使うことばかりに関心を向けてしまうのです。このように資格や保有能力ばかりにこだわっていると、本来の仕事の満足を見逃してしまいます。

　大切なのはスキルを駆使して周囲の人を満たしていくことです。

　あなたのスキルマップを見て、「能力の肥満化」は見られないでしょうか。「あなたと仕事をしていると楽しい気分になれる」「とにかく安心してプロジェクトを進行できる」「こちらが成長できたように思える」といったような満足をプレゼントする人気者といえるでしょうか。信頼の残高を増やそうと、預貯金することを優先しているでしょうか。

Career Design

自分自身でいられる上質な時間 "散歩" のプレゼント

　ある上場企業（製造業）でのやりとりです。自社の研修センターで宿泊を兼ねる2日間のキャリアデザイン研修の依頼を受けました。初日の研修は、プログラム上、17時に終了だったのですが、人事担当者から、「19時から夕食時間なので、それまでの時間、課題を出してほしい」と要望（リクエスト）をいただきました。

　人事担当者として、研修の参加者に少しでも多くのお土産をプレゼントしたいと思われたのか、たいへん熱心に要求されました。筆者は、「お気持ちはとてもよく理解できます。しかし、キャリアデザインの研修ですから、スキル系のような形式で詰め込み式は相応（ふさわ）しいと思えません。参加者もこれまでの研修とはずいぶん内容が違うため、普段使わない思考を用い（脳を使い）、お疲れのことと思います。スキル系の研修であれば、ご要望に沿いたいと思いますが、私はそれよりも、散歩の時間をプレゼントしていただきたいと思います」と申し上げました（実は、講師が17時に退席し、残りの時間に課題を参加者だけに与えるというのは、たいへん乱暴というか、無責任だとも思いました）。

　「受講者がひとりになり、上質な時間を持つことをプレゼントしていただけませんか。日々、家に帰ると奥様やお子様がいらっしゃり、ゆっくりとひとりになって自分と向き合う時間は少ないように思います。参加者自身のために、じっくりと散歩をしながら、ひとりになる時間、自分を内省する時間、そんな時間を差し上げられたら、きっとキャリアデザイン研修として、相応しいと思います」と、伝えました。

　人事担当者は、いたく感激し、早速、散歩の時間を取り入れました。宿泊は、2名以上の相部屋のため、この散歩を通して、初日のSEEDSをふりかえるというのは、絶好の機会だったようです。

　翌日、「昨日の研修で、気づいたこと、学んだことをペアで語り合ってください」とペアワークをしたところ、散歩が効果的であった感想があちこちから聞こえてきました。

　学生時代、何をすることが一番好きだっただろう？　何が得意だっただろう？　授業は何が好きだっただろう？　もし、時間やお金という拘束がなかったら……散歩の過程でいろいろと想像力（創造性）を取り戻していたようです。

　普段、愛する人と過ごす上質な時間が大切だということは、だれもが知っています。ところが、自分だけのための、ひとりで過ごす上質な時間もまた重要です。それは、誰もいなくなって、取り残された時間でも、気がついたらひとりになっていたという時間でもなく、自分の幸福のために自分自身が企画した（正確には講師から提案された）特別な時間です。自分自身のために、自分自身になれる時間なのです。

> **キャリア・カウンセリング**――"あなたらしく仕事をする" "あなたらしい人生を生きる" ために
>
> 筆者は、2日間研修の場合、初日の研修終了後に個別のキャリア・カウンセリングをお勧めしています。多くの企業で賛同いただき、参加者の中から先着順に希望者を募っています。多くの場合、女性スタッフと2名体制でスタンバイします。キャリア・カウンセラーが男女いるということは、希望者に選択の余地が広がります。女性の場合、出産や子育てやセクハラなど、異性には話しにくい話題になることもあり、基本的に男女のキャリア・カウンセラー、そして、心理カウンセリングもできるということを条件にしています。それは、クライエントの方の主訴が、メンタル面の話題であったり、メンタル不調が疑われるケースが多いからです。
>
> 幼い頃、誰もが聞かれた質問があります。
> 「将来何になりたいの？」。そう聞かれると目を輝かせて、「サッカー選手」「お花屋さん」などと次々に答えます。高校生くらいになると「どこの大学へ行くの？」、大学卒業頃には「就職先はどうするの？」……。ところが、社会人にもなると、なかなかそうした将来への質問などをしてくれる人はいません。
> もし、子どもの頃のように、そうした質問をしてくれる人が側にいたらどうでしょうか？
> あなたは自分の人生という物語を自分で描き続けていますか？　それとも頻繁に誰か（会社や上司など）がそこに何かを描くことを許し続けていませんか？
> 『あなたの物語』を描く権利は、ほかでもないあなたにしかないのです。
> キャリア・カウンセリングでは、「あなたらしさ」や「あなたらしい生き方」を見つめていくお手伝いをします。「あなた」というかけがえのない存在を大切に。

| 「カウンセリングとは、古い事実を新しい関係でみること」 | （カール・ロジャース） |

研修とキャリア・カウンセリングの長所

キャリアデザイン研修	キャリア・カウンセリング
● グループダイナミクスによる理解促進、動機喚起	● 1対1の関係で、深いレベルの気づきを促せる
● 他者との価値観の違いを体験的に理解しやすい	● クライエントのペース、理解レベルで進められる
● 会社や事業の環境変化、人事制度などキャリアに影響がある要素を一斉に伝達できる	● 社内では話しにくいことが利害関係のない第三者に相談できる（社外カウンセラーを活用した場合）

第4章

やるべきこと "NEEDS" の自己理解

ワーク❶

ワールド・カフェ「フィールド（活躍する場）を知る」

ワークのねらい

① ワールド・カフェは「カフェ」のようなくつろいだ雰囲気の中で、参加者が少人数に分かれ、テーマに沿って自由に会話を行い、創造的なアイデアや知識を生み出したり、相互の理解を深めたりすることができる、という可能性を秘めた対話の手法です。ワールド・カフェの手法を用い、自分たちのフィールド（活躍する場）のマクロな未来を語り合います。難しいテーマを気軽に語り合うことで、いろいろな可能性が導き出されます。

進め方

① 場づくり（準備）

　研修当初からのグループもしくは、メンバーをシャッフルして、4〜5人のグループを作り、テーブルに座ります。テーブルにはテーブルクロスに見立てた模造紙と各自1本以上の水性マジック（各色）を用意します。非日常を演出するために、テーブルクロスをかけたり、テーブルの中央に花瓶やちょっとしたバスケットを用意したりするなど、おもてなし（ホスピタリティ）の気持ちで演出することもポイントです。

② カフェトーク・ラウンド（対話を楽しむ）

　1ラウンドおおよそ20〜30分で、設定されたテーマに沿ってリラックスした対話を楽しみ

ます。話し合いで出たアイデアや感想を、各自が自由に模造紙に書き留めていきます。
　たいへんシンプルな仕掛けですが、話し合いが進むうちに、この落書きを通して意見と意見が深まり（アイデアとアイデアが結びつき）、新たな気づきや洞察が生まれ、カフェの醍醐味を体験できます。

［テーマの例］
　ラウンド１：わが社を取り巻く10年後の環境変化とは
　ラウンド２：10年後、勝ち組みとして生き残るには
　ラウンド３：そのために、私たちに求められる要件とは

③　シャッフル（メンバー変更）
　ラウンド１が終わる頃にテーブルに残る人（ホスト）を決め、それ以外の参加者は別のテーブルへ散らばります。残ったホストは自分のテーブルで話し合われた内容を新しいメンバーに説明し、ラウンド２の対話を進めます。
④　最終ラウンド
　最終ラウンドでは、全員が最初のテーブルに戻ります。別のテーブルで得られた気づきやひらめきなどを交換し、さらに全体で共有を図ります。
⑤　WANTS（第５章で詳しく扱います）の際に確認できるように、語り合った模造紙をホワイトボードに全員が見えるように貼っておきます。

Career Design

ふりかえり&まとめ

　ワールド・カフェとは、Juanita Brown（アニータ・ブラウン）とDavid Isaacs（デイビッド・アイザックス）によって、1995年に開発・提唱されました。

　彼らが当時、世界的に関心が高まっていた知的資本経営に関するリーダーたちを自宅に招き、話し合いの場作りを行ったことをきっかけにして生まれました。集まったゲストがリラックスしてオープンな話し合いを行えるよう『カフェ』のような空間を演出したところ、想像できないほど多くの知識や洞察が生まれたことに感銘を受けたふたりが、その経験から主体性と創造性を高める話し合いのエッセンスを抽出してまとめたのがワールド・カフェです。

「**知識や知恵は、機能的な会議室の中で生まれるのではなく、人々がオープンに会話を行い、自由にネットワークを築くことのできる『カフェ』のような空間でこそ創発される**」

という考えに基づいた話し合いの手法です。

　ワールド・カフェは、リラックスした雰囲気の中で、少人数に分けたテーブルで自由な対話を行い、ときどき他のテーブルのメンバーとシャッフルして対話を続けながら、テーマに集中した対話を繰り返します。

[ワールド・カフェの効果]
- **発言しやすい**
　　ワールド・カフェは、少人数での対話の場を作るので、各自、発言しやすく、発言の機会が多く与えられます。
- **参加者全員の意見が集まる**
　　ラウンドごとにシャッフルすることにより、大人数でも多くの人との意見や知識の共有ができます。
- **共感が生まれる**
　　ワールド・カフェの参加者の中に、共通性を見出したり、共感が生まれたり、親しみや信頼関係を生み出すこともできます。

　蜂や蝶が蜜を求めて花から花へと飛び回るように、参加者がテーブルをめぐって多様な洞察を集め、結びつけ、アイデアを「他花受粉」することによって、個人ではたどりつけない集合的な知恵をつむぎ出していく。そこにワールド・カフェの真髄があります。

ワーク❷

「ワーク・シフト」から未来想像

ワークのねらい

① 書籍『ワーク・シフト－孤独と貧困から自由になる働き方の未来図〈2025〉』(リンダ・グラットン著、池村千秋訳、プレジデント社、2012年)の32項目の未来予想を参考に、マクロな未来像を想像し合います。
② 未来のあらゆる側面を完全に予測することは不可能ですが、未来を正しく予見できれば、落とし穴を避け、チャンスを手早くつかめる可能性が高まります。未来の予測の正確性を磨くことを怠らない自覚を喚起します。

進め方

① シート「ワーク・シフト」を配布します。配布と同時に、産業革命の原動力が石炭と蒸気機関という新しいエネルギーだったのに対し、これから起きようとしている変化を突き動かすのは、5つの要因の複雑な相乗効果であることを説明し、それぞれ32項目の解説を加えます。
② 講師ファシリテーターからの解説の後、グループで気軽に各項目についてディスカッションの時間を設けます。
③ シート「ワーク・シフト」の各項目の中で、自分のキャリアに強い影響を及ぼす要因は何か? そして、その要因にどのような影響を受けるかを自己検討し、シート2ページ目の上段に記載します。
④ スピードの時代にあって、未来に押し潰されないキャリアを築くために、この先、5年間に何をすべきかを自己検討し、シート2ページ目の下段に記載します。
⑤ ③④で記載した内容について、グループで発表&フィードバックを行います。

ワーク・シフト

1．テクノロジーの進化
- ☐ 1．テクノロジーが飛躍的に発展する
- ☐ 2．世界の50億人がインターネットで結ばれる
- ☐ 3．地球上のいたるところで「クラウド」を利用できるようになる
- ☐ 4．生産性が向上し続ける
- ☐ 5．「ソーシャルな」参加が活発になる
- ☐ 6．知識のデジタル化が進む
- ☐ 7．メガ企業とミニ起業家が台頭する
- ☐ 8．バーチャル空間で働き、「アバター」を利用することが当たり前になる
- ☐ 9．「人工知能アシスタント」が普及する
- ☐ 10．テクノロジーが人間の労働者に取って代わる

2．グローバル化の進展
- ☐ 11．24時間、週7日休まないグローバルな世界が出現した
- ☐ 12．新興国が台頭した
- ☐ 13．中国とインドの経済が目覚ましく成長した
- ☐ 14．倹約型イノベーションの道が開けた
- ☐ 15．新たな人材輩出大国が登場しつつある
- ☐ 16．世界中で都市化が進行する
- ☐ 17．バブルの形成と崩壊が繰り返される
- ☐ 18．世界のさまざまな地域に貧困層が出現する

3．人口構成の変化と長寿化
- ☐ 19．Y世代（1980年～1995年頃生まれ）の影響力が拡大する
- ☐ 20．寿命が長くなる
- ☐ 21．ベビーブーム世代の一部が貧しい老後を迎える
- ☐ 22．国境を越えた移住が活発になる

4．社会の変化
- ☐ 23．家族のあり方が変わる
- ☐ 24．自分を見つめ直す人が増える
- ☐ 25．女性の力が強くなる
- ☐ 26．バランス重視の生き方を選ぶ男性が増える
- ☐ 27．大企業や政府に対する不信感が強まる
- ☐ 28．幸福感が弱まる
- ☐ 29．余暇時間が増える

5．エネルギー・環境問題の深刻化
- ☐ 30．エネルギー価格が上昇する
- ☐ 31．環境上の惨事が原因で住居を追われる人が現れる
- ☐ 32．持続可能性を重んじる文化が形成されはじめる

『ワーク・シフト』（プレジデント社）より作成

あなたのキャリアに強い影響を及ぼす要因は何でしょうか？
その要因にどのような影響を受けると考えられますか？

```
┌─────────────────────────────────────────────────────┐
│                                                     │
│                                                     │
│                                                     │
│                                                     │
└─────────────────────────────────────────────────────┘
```

⬇

スピードの時代にあって、未来に押し潰されないキャリアを築くために、
この先、5年間に何をすべきでしょうか？

```
┌─────────────────────────────────────────────────────┐
│                                                     │
│                                                     │
│                                                     │
│                                                     │
└─────────────────────────────────────────────────────┘
```

ふりかえり&まとめ

『ワーク・シフト』の著者リンダ・グラットン氏は、仕事の世界で次の3つのシフトが必要であると述べています。

[第1のシフト] 知的資本

　世界の50億人がインターネットにアクセスし、つながり合う世界が実現すれば、**「専門技能の連続的習得」**を通じて、自分の価値を高めていかなくてはなりません。

　未来にどういう技能と能力が評価されるかを知り、その分野で高度な技能を磨くと同時に、状況に応じて柔軟に専門分野を変えることが求められます。

　また、個人の差別化がますます難しくなる中で、**セルフマーケティング**を行って自分を売り込み、自分の技量を証明する材料を確立する必要性が高まります。

[第2のシフト] 人間関係資本（人的ネットワークの強さと幅広さ）

　私たちが時間に追われ、孤独を感じる傾向がさらに強まれば、人間同士の結びつき、コラボレーション、人的ネットワークの重要性がきわめて大きくなります。

　難しい仕事に取り組むときに力になってくれる人たちも重要だし、斬新なアイデアの源になりうる多様性のあるコミュニティも欠かせません。バーチャル化がますます進む世界では、意識的にネットワークを形づくっていく必要があります。

　専門知識と技能を磨いてほかの人たちとの差別化を図る一方で、高度な専門知識と技能を持つ人たちと一緒に価値を生み出していかなくてはなりません。孤独に競争するのではなく、ほかの人たちとつながり合ってイノベーションを成し遂げることを目指す姿勢に転換する必要があるのです。

[第3のシフト] 情緒的資本

　自分の価値観に沿った幸せな生き方をするために、自分自身について理解し、自分の行う選択について深く考える能力、そしてそれに加えて、勇気ある行動をとるために欠かせない強靭（きょうじん）な精神を育む能力が求められます。

> 「漠然と迎える未来」には孤独で貧困な人生が待ち受け、「主体的に築く未来」には自由で創造的な人生がある。
> 　　　　　　　　　　　　　　　　　　　　　　　　　　　　　　　　（リンダ・グラットン）
>
> 「強いものが生き残るとは限らない。賢いものが生き残るとは限らない。変化するものだけが唯一生き残る」
> 　　　　　　　　　　　　　　　　　　　　　　　　　　　　　　　　　　　　（ダーウィン）

　ダニエル・ピンクは、『ハイ・コンセプト～「新しいこと」を考え出す人の時代』で、「これからは、創意や共感、そして総括的展望を持つことによって社会が築かれる時代、すなわち『ハイ・コンセプトの時代』になる。…（中略）…ハイ・コンセプトとは、パターンやチャンスを見出す能力、芸術的で感情面に訴える美を生み出す能力、人を納得させる話のできる能力、一見ばらばらな概念を組み合わせて何か新しい構想や概念を生み出す能力、などだ。…（中略）…個人、家族、組織を問わず、仕事上の成功においてもプライベートの充足においても、まったく『新しい全体思考』が必要とされている」と述べています。

　さらに、訳者である大前研一氏は、まえがきで次のように補足しています。
「要するに、これからは創造性があり、反復性がないこと、つまりイノベーションとか、クリエイティブ、プロデュース、といったキーワードに代表される能力が必要になっていくということである。…（中略）…『答えのない時代』のいま、世の中に出たら、知識を持っているよりも、多くの人の意見を聞いて自分の考えをまとめる能力、あるいは壁にぶつかったら、それを突破するアイデアと勇気を持った人のほうが貴重なのである」

第4章 ◆ やるべきこと"NEEDS"の自己理解

ワーク❸
SWOT分析＆４つの自己対策

ワークのねらい

① SWOT分析とは、1960年代に考案された、組織のビジョンや戦略を企画立案する際に利用する現状を分析する手法の一つです。SWOT分析を用いて、活躍するフィールド（自社）の強み・弱み、機会・脅威をグループで見つめ、そこから自らの現状（強み・弱み）と未来（機会・脅威）をまとめます。

進め方

① シート「SWOT分析＆４つの自己対策」の左側は、自社の分析です。広い視野から検討する必要があるため、左側はグループでディスカッションしながらつくり上げます。自社の強みは何か、弱みは何か、市場・業界の機会・脅威はどのようなことが考えられるかを検討します。

 注：強みは弱みにもなり、同じ風が追い風にも向かい風にもなるため、熱心に話し合い、どのような見方から、どちらに決めるか、重複しないように注意する必要があります。

② 自社の検討が終わったら、シートと筆記用具を持ちながら、他のグループメンバーと交流します。

③ 十分に交流をした後、自グループに戻り、修正すべき点がないか、追加すべき点はないかを吟味し、完成させます。

④ 最終完成した左側をもとに、右側の自分自身のSWOT分析を作成します。機会（チャンス）に自分の強みをどう活かしきるか、自分の弱みを機会で克服できないか・転化できないか、脅威に対し、自分の強みで何とか施策を講じられないか、回避すべき事柄はないか、などを検討します。

 注：強みを活かせる追い風を探し、向かい風は突風になる前に先手を打つ。克服に時間のかかる弱みは後に回します。

81

SWOT分析＆4つの自己対策

	強み（Strength）	弱み（Weakness）
自社		

	機会（Opportunity）	脅威（Threat）
市場・業界		

第4章 ◆ やるべきこと"NEEDS"の自己理解

	強み（Strength）	弱み（Weakness）
機会		
脅威		

Career Design

ワーク ❹

周囲からの期待

ワークのねらい

① これまでのワークは、自分のフィールド（活躍する場）のマクロな未来を想像しました。本ワークは、自分を取り巻く周りの人たち（ミクロ）からの期待を整理することで、独りよがりにならず、自分を取り巻く環境とのベクトルを合わせる視点を設けます。

進め方

① シート「周囲からの期待」を配布し、それぞれ相手の立場に立って、自分への期待を記入します。期待を書き終えたら、その期待を実現するために、自分に課せられた課題は何かを、その下の欄に記入します。
② シート「リーダーの基本的役割」は、何も参考資料がないと書くことができない参加者が多いので、補助資料として配布しています。
③ シート「周囲からの期待」を書き終えたら、グループで内容を分かち合います。

ふりかえり&まとめ

本シートは、すらすらと書ける参加者と、なかなかペンが進まない参加者とに二極化します。それだけに、記入後、グループで内容を分かち合うことで、「日頃、上司・先輩の期待を確認できていないなぁ」「相手の立場に立って自分を見つめる機会は少ないなぁ」などの反省を促すこともできます。

もちろん、参加者ばかりに責任があるわけではなく、上司・先輩であれば、日頃からしっかりと方針や期待を部下に伝えるべきで、双方に責任があります。

ときおり、記入事項が少ないと、人事担当者にそれとなく、その場でフィードバックするように心がけています（人事部の問題意識の1つとなるように）。

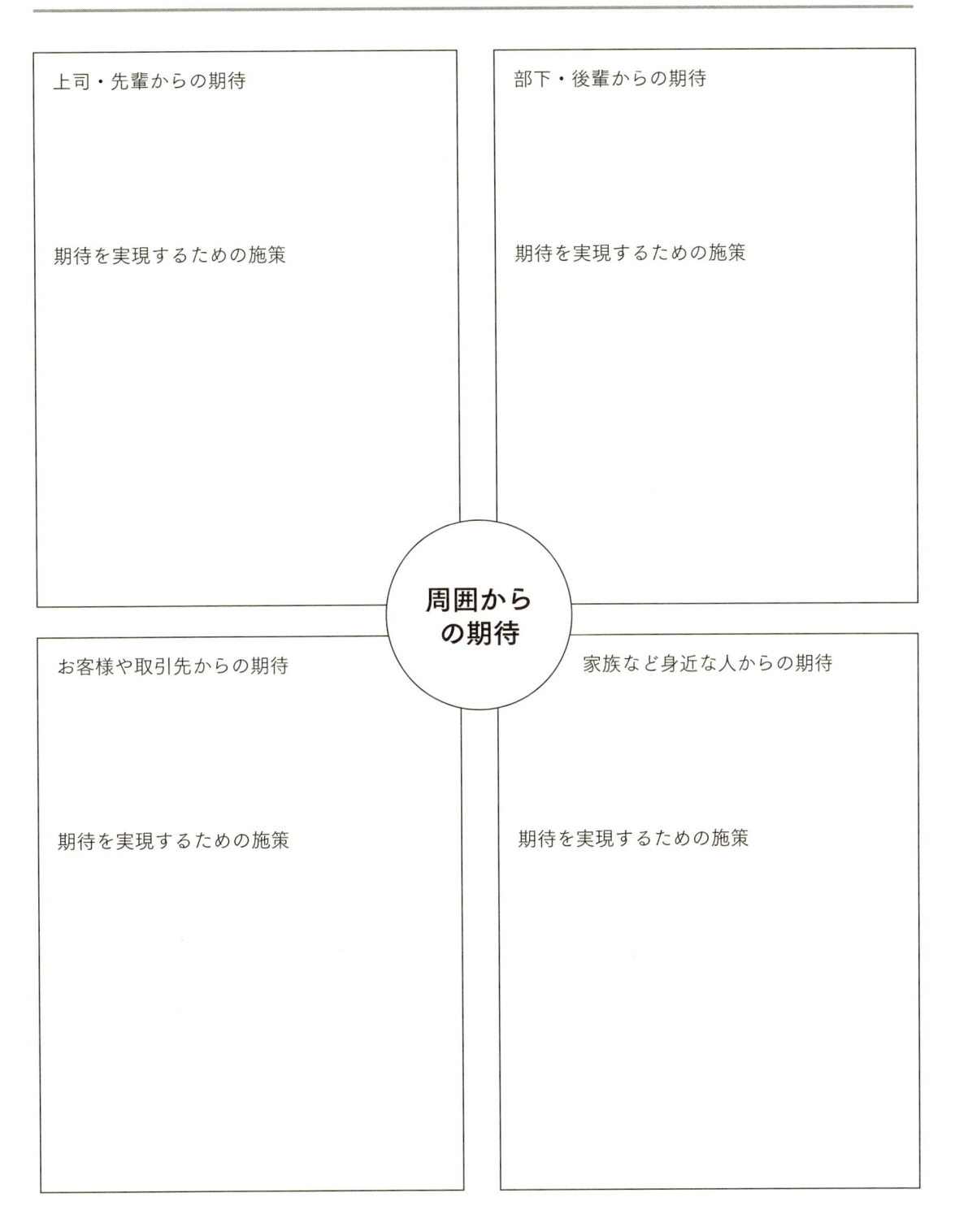

周囲からの期待

| 上司・先輩からの期待 | 部下・後輩からの期待 |

期待を実現するための施策

期待を実現するための施策

周囲からの期待

お客様や取引先からの期待

家族など身近な人からの期待

期待を実現するための施策

期待を実現するための施策

リーダーの基本的役割

会社・社長方針の翻訳者

（1）当期の会社・社長方針の背景を知っている
（2）方針そのものを熟知している
（3）方針を自部門・自職場に適合・反映させている
（4）方針を部下が行動できる言葉に置き換えている
（5）方針に関し、上司に対して意見具申を適時行っている
（6）抽象的な方針を具体的にできる
（7）部下からの提案をレベルアップできる

仕事の設計者

（1）仕事の環境変化を敏感に感じとれる
（2）その変化の中から、仕事上の改善・改革すべき点を見つけられる
（3）環境の変化に合ったように仕事が設計できる
（4）部下が育つような仕事の与え方・仕事の仕方ができる
（5）部下のやっている作業が仕事になるような任せ方をできる

問題解決のプロフェッショナル

（1）発生の問題のみでなく、発見・発掘の問題がつかめる
（2）本当の問題が発見できる
（3）会社の影響力の大きい問題・課題がつかまえられる
（4）問題を多面的な角度から検討できる
（5）問題の定義づけが正確にできる
（6）自責という観点でのアプローチができる
（7）問題・課題の優先順位が決められる
（8）問題意識が旺盛である
（9）発生型の問題が起きないような配慮をしている

第4章 ◆ やるべきこと"NEEDS"の自己理解

第5章

やりたいこと "WANTS" の自己理解

　これまでの章では、階段の踊り場から過去（SEEDS）をふりかえり、今、現在（NEEDS）を整理してきました。いよいよ、この章は、未来（WANTS）を見つめる最終段階です。

ワーク❶

人づくり人つなぎMAP

ワークのねらい

① 　前述のとおり、充実したキャリアを歩むには、ヒューマン・ネットワークが欠かせません。このワークでは、3種類に分けて現状を整理することで、人儲けをより意識するための環境を整えます。

進め方

① 　付箋1枚にひとりずつ、現在の人脈を書き続けます。
② 　書き終えたら、シート「人づくり人つなぎMAP」の該当する箇所に貼ります。
　　・メンター……あなたに的確なアドバイスやチャンスを提供してくれる人
　　・モデル……あなたの人生の理想や目標となる存在
　　・サポーター……あなたに勇気とエネルギーを注ぎ、援助してくれる人
③ 　貼り終えたら、グループ全員でシートを見せながら、熱心に情報交換できるように仕掛けます。

例：「どの領域に人脈が多いか」
「○○の領域を開拓するにはどうしたらよいか？」（該当領域に人脈が多い人に尋ねてみる）
「人脈を広げる工夫はどうしたらよいか？（どうしているか？）」

など、いくつかの問いかけを用意し、それぞれの回答について、講師ファシリテーターから、「どのような意見が出ました？」と問いかけ、全体で共有しながら、意見交換を繰り返します。

注：本来、このワークは、SEEDSで実施すべきかもしれません。あえてこの章で取り上げたのは、人脈形成が重要だと考えているからです。また、このワークの後、キャリア・ビジョンの創造に移るので、記憶が新鮮なうちに人脈の大切さに気づき、アクションにつなげたいと考えています。もちろん、この段階で、人脈形成における目標なり計画を作成することを否定はしませんが、本質はキャリア・ビジョンを描いてから、どのような人脈を開拓すべきか、このシートをもう一度見直し、検討していただくことが本論だと考えています。

Career Design

人づくり人つなぎMAP

How are you?

- メンター
- サポーター
- モデル

ふりかえり&まとめ

　節目は、自分で切り拓いているようでも、大勢の人のお世話になっているものです。もし、周りの支援、ソーシャル・サポートがなければ、節目の経験はストレスフルなものになります。

職業性ストレスモデル

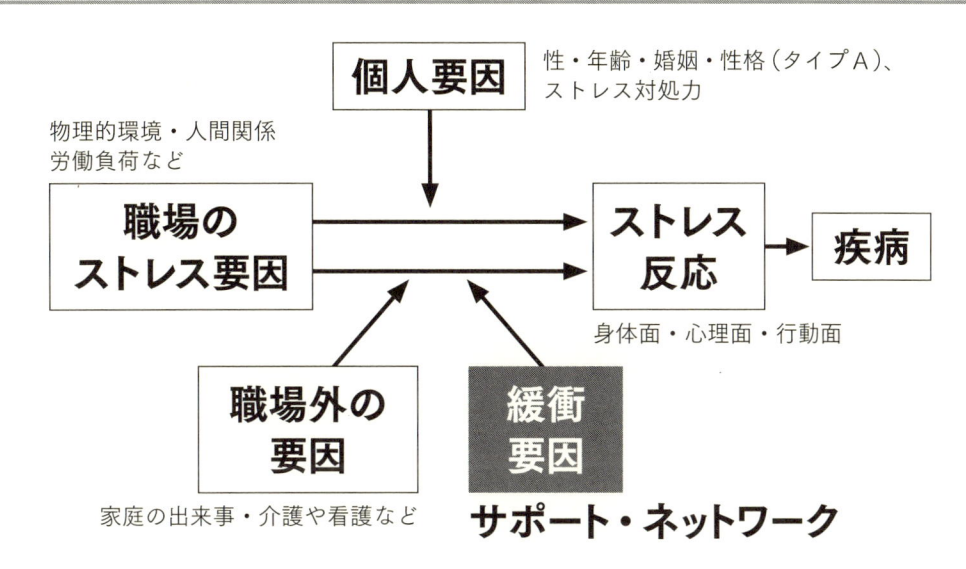

物理的環境・人間関係
労働負荷など

個人要因　　性・年齢・婚姻・性格（タイプＡ）、
　　　　　　ストレス対処力

職場の
ストレス要因　→　ストレス反応　→　疾病

職場外の要因　　緩衝要因

身体面・心理面・行動面

家庭の出来事・介護や看護など　　サポート・ネットワーク

　ストレスの原因となるストレッサーが存在すれば、だれでも必ずストレス反応が起こるとは限りません。いわばストレッサーの衝撃をふんわりと和らげてストレス反応を影響がないほどに減少させるクッションや緩衝材（エアーバッグでもかまいませんが）となるものがあります。
　この緩衝材の重要な要素のひとつが周囲の人々による支え（サポート）なのです。この周囲の支えとなる人間関係をソーシャル・サポート・ネットワークと呼びます。
　ソーシャル・サポート・ネットワークでは、家族や友人、職場や地域社会といった中でのかかわり合いが中心となります。

　たとえば、次のような人々が考えられます。

〔手段的サポート・ネットワーク〕
　①経済的に困っているとき、頼りになる人
　②病気で寝込んだとき、身の回りの世話をしてくれる人
　③引っ越ししなければならなくなったとき、手伝ってくれる人
　④わからないことがあるとよく教えてくれる人
　⑤家事をやってくれたり、手伝ってくれたりする人

〔情緒的サポート・ネットワーク〕
　①会うと心が落ちつき安心できる人
　②気持ちの通じ合える人
　③常日頃あなたの気持ちを敏感に察してくれる人
　④あなたを日頃から認め評価してくれる人
　⑤あなたを信じ、ビジョンの実現を応援してくれる人
　⑥あなたの喜びを自分のことのように喜んでくれる人
　⑦個人的な気持ちや秘密を打ち明けることのできる人
　⑧お互いの考えや将来のことなどを話し合うことのできる人

　逆の立場も考えてみなければなりません。それは、このような人々があなたの心の支えとなるばかりでなく、あなたもその人たちの心のサポーターとなることができるということです。
　つまり、私たちはお互いに支え合って生きています。この周囲の支えになる人間関係がストレス対処にとって、とても大切なことなのです。

　以下に人脈を広げ、維持するためのポイントを紹介します。
　・先に自分のほうから与える　Give & Given
　・好意の押し売りをしない
　・見返りを期待しない
　・相手を肯定的に見る
　・相手の能力と人間性を適切に評価する
　・どんなに小さな約束でも必ず守る（信頼貯金）
　・すばやい対応を心がける
　・他人の悪口やうわさ話は慎む
　・相手のプライバシーや会社の秘密を守る
　・相手に応じて、つきあいのバランスを考える

ヒューマン・ネットワークは固定ファンづくりから

　今、自分の持っている人脈を大切にできない人が、新しい人脈を大切にできるはずがありません。人脈づくりというと、すぐに異業種交流や勉強会に参加をして、多くの人と出会うという発想が思い浮かびますが、肝心なことは、「人脈は量よりも質」です。どれだけ多くの人の名刺を保管し、年賀状を書いたとしても、そこに強い信頼関係が形成されていなければ、人脈とはいえません。そのため、まずは今ある人脈を大切にすることからはじめることです。
　固定客ファンづくりの基本は、何度も会いたいと思ってもらうことです。それには、相手の喜ぶ

こと、前頁の繰り返しになりますが、この人たちのサポーターになるのです。

　最初から、与えてもらうことを願うのではなく、基本は、Give & Givenの姿勢で、相手に喜んでもらうことに集中します。「相手の夢やビジョンに共感する」「○○の情報に興味があれば、○○を調べてメールする」などなど（実はお互いがGive & Givenの姿勢でいると、第三者から見れば、そのふたりの関係は、Give & Takeになっているのです）。

　筆者の知人のコンサルタントは毎月1日、日時を決めて、関係先や友人などに次々とメールや電話をして、近況を聞いたり、情報交換をしています。その日は、日常業務はいっさい入れず、アポイントもとらず、メールや電話だけに費やすのだそうです。私たちはいったん関係が築けると、継続することを怠り、次々と新規の関係をつなぐことばかりに懸命になってしまいがちです。

　商売には固定客（ファン）が大切なように、私たち一人ひとりにも固定ファンが大切です。そのためには、"継続"という視点を欠かさずに持ちたいものです。

正しい距離感を見極める

　相手との距離感さえ間違わなければ、どんな人ともよいつきあいができます。人から冷たくされたり、うまくいかないと「自分は好かれていない」と落ち込んだりします。「自分の何がいけないのだろう」と、自分を責めて自信をなくします。心根が優しくてイイ人ほど、その傾向があるように思います。そう考えずに、「あぁ、この人との正しい距離はもう少し違うんだ」と思えばいいのです。わたしが好かれていないのではなく、この人と正しい距離になっていないと考えるのです。そうすればストレスも溜まらず気楽でいられます。そうやって相手の態度や目線をいちいち気にしなくなると、不思議と余裕が出てくるものです。余裕が出ると、客観的に人を観察できるようになり、相手との正しい距離が見極められます。

人脈は広げるよりも広がるもの

　人脈というものは広げるものではなく、広がるものといえます。あなたは、「小さな約束」を守っていますか？　当たり前のことを疎かにしていませんか？

　信頼関係は、「当たり前のことを当たり前に行う行為の積み重ね」で築き上げられます。そのため、コツコツと積み上げることが基本です。一方、信頼関係を崩壊させるのは、大きな約束を破ることよりも、案外、小さな約束を軽率に扱っていることが亀裂のきっかけとなります。

　人間関係における通帳を持っていると想像してください。通帳に記載される明細の一つひとつは、信頼の預け入れ（＋）と引き出し（－）です。預け入れ（＋）とは信頼を築くこと、時にはその人との関係を修復する行為で、引き出し（－）とは、信頼を低下させる行為そのものです。そして、足したり引いたりした結果、その残高が「信頼残高」として口座に残るというわけです。

　あなたは大切な人との残高はプラスでしょうか？　それともマイナス？　破綻などしていないで

しょうね！

　案外、私たちは、身近な人にほど、知らず知らずのうちに小さな引き出しを繰り返しているものです。これくらいならいいだろう、大丈夫だろうと安心しきり、あぐらをかいてしまうのです。「気づいたら時すでに遅し」というほど、関係を修復できない事態になっているかもしれません。

　そんな事態になる前に、日頃から通帳を見るのを習慣にすることです。通常の銀行預金であれば、ボーナスで一気に残高を取り戻すことは可能ですが、人間関係の預貯金は、一気に、劇的に増やす得策はありません。たとえ些細な引き出しでもそれを修復するのには、時間をかけ、コツコツと忍耐強く、預け入れするしかないのです。

第5章 ◆ やりたいこと"WANTS"の自己理解

ワーク❷

キャリア・ビジョンの創造
――想いを描く

ワークのねらい

① 5年後のキャリア・ビジョンを描くとともに、ビジョンを描くポイントを学びます。

進め方

① キャリア・ビジョンは、下図のとおり、役割・使命、会社や上司からの期待、業界や商品サービスの動向、そして、キャリア・アンカーをもとに描きます。これまでのワークシートを手に取りながら、まとめたり、再吟味を加えたりしながら、ビジョンを描きます。自己宣言は、ビジョン実現に向けて、自分自身を励ますメッセージを書きます。

② ビジョン（Vision）の語源は、Visual（視覚）と同じだそうです。そのため、ビジョンを描くときは、まるでそのビジョン実現の風景が見えるかのように、視覚的にありありと具体的に描くことが大切です。また、すでに手に入っているかのごとく、現在完了形で描くこともポイントです。ですから、願望のように、「○○になったらいいな」という曖昧な表現ではなく、「○○が実現している」という表現を用います。

ありたい姿を描く

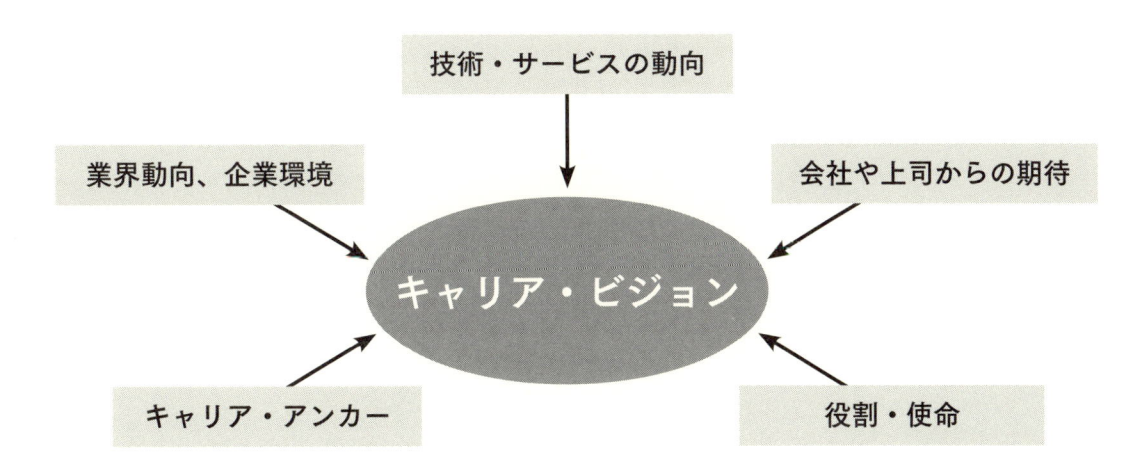

```
         技術・サービスの動向
                │
                ▼
業界動向、企業環境 →  ← 会社や上司からの期待
          キャリア・ビジョン
キャリア・アンカー →  ← 役割・使命
```

自律型人材のサイクル

GPDCAサイクル

Action
ギャップを埋めるための改善策を洗い出す

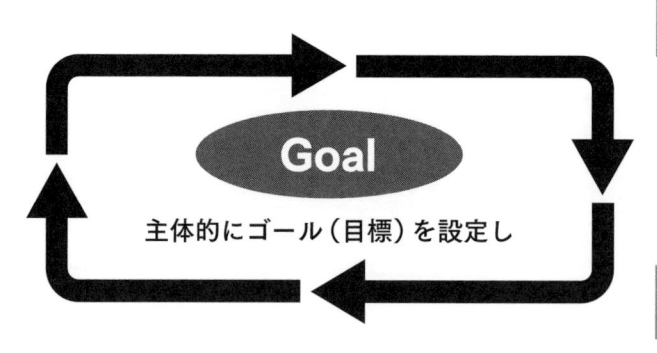

Plan
ゴールに達するために何をすべきかを計画し

Goal
主体的にゴール（目標）を設定し

Check
実行した結果と目標とのギャップを確認し

Do
計画したことを実行し

③　描き終えたら、ビジョンの箇所だけでも、グループで確認し合います。ひとりが熱意を込めて宣言をし、メンバーは目を閉じ、実現した状態が具体的にありありと見えるかどうか、はっきりと浮かび上がってくるかを厳しい目で評価します。

　　注：目標はビジョンに至るプロセスの途中にある具体的な到達点を設定したものです。ビジョンが描けたら、次の段階は、目標（ゴール）に落とし込み、強い意志（Will）でビジョンの実現に汗を流します。

キャリア・ビジョンの創造　－想いを描く－

わたしの役割・使命

周囲（上司・先輩）からの期待

キャリア・アンカーのまとめ

| 中核的能力 | 興味＆関心 | 価値観 |

5年後のキャリア・ビジョン

キャリア実現への重点課題（人脈形成）

自己宣言

年　　月　　日作成　　部署　　　　　　氏名

Career Design

ふりかえり&まとめ

　今の時代、目標やビジョンを持たなくても何とか生活することはできます。しかし、変化の激しい時代だからこそ、しつこいほど「ビジョンは？」「目標は何？」と問い続けなければ、流されっぱなしで、自分の居場所がわからなくなってしまう時代なのです。

　キャリア・ビジョンは、変化の激しいビジネス環境において、「迷子にならないための将来への道しるべ」なのです。

　「過去（これまで）何を考え実践してきたかが、今日の自分をつくり、今（現在）何を考え、何を為そうとしているかが、将来の自分を創る」という言葉のように、5年後の自分は5年後に創られるのではなく、「今、ここ」で創られます。

「成功の秘訣？　それは大きなビジョンが持てるかどうかだけだよ」　　　　　　　　　　（ビル・ゲイツ）

「人生で望むものを手に入れるために不可欠な第一歩、それは己が望むものが何か、決めることだ」　　　　　　　　　　（ベン・スタイン）

「未来は自分の夢の素晴らしさを信じる人のもの」　　　　　　　　　　（F・ルーズベルト）

「夢見ることができれば、成し遂げることもできる」　　　　　　　　　　（ウォルト・ディズニー）

「たった一人しかない自分を　たった一度しかない一生を
本当に生かさなかったら、人間生まれたかいがないじゃないか」　　　　　　　　　　（山本有三）

「人間を賢くし、人間を偉大にするものは、過去の経験ではなく、未来に対する期待である。
なぜならば、期待を持つ人間は、何歳になっても勉強するからである」　　　　　　　　　　（バーナード・ショー）

「目的地を持たない船乗りは、良い風には恵まれない」　　　　　　　　　　（レオン・テック博士：米精神医学者）

キャリア・ビジョンは「想いを描く」力

「このビジョンなら叶いそう」「この方向性であればメリットがあるだろう」
　このような発想でビジョンを構想すると、ビジョンが実現する可能性は低いと思われます。
　筆者は、経営コンサルティングやエグゼクティブ・コーチングも行っています。ときおり、「儲かりそうな事業」「成功しやすそうな分野」という理由でスタートを試みる人がいますが、たいてい挫折します。なぜならば、「この事業は儲かりそうだ」と思って起業した人は、少し風向きが悪

くなったり、トラブルが押し寄せたりすると「方向性を間違ったのかもしれない」「もう一方の事業のほうがよかったのでは」などと、後悔しはじめ、早々に諦めムードになるからです。

　外側の基準で方向性を決めてしまうと、自分の中の"覚悟"が育たず、少しのことで挫折しあきらめてしまいます。

　ビジョンは、内側の湧きあがる基準を中心に、『現状からは飛躍しているが実現を信じることができる魅力的な未来像』です。ビジョンとは、これからの可能性、これからの姿を明確に描くことです。「どこに行こうとしているのか」という質問に答え、集中すべき方向性を鮮明に与えてくれるものです。ビジョンが力を持つためには、それを実行していく人の心をつかむものでなければなりません。

　下記に「ビジョンのお手本」だといわれる、マーチン・ルーサー・キング牧師の「I have a dream」を紹介します。みなさんも、眼前に明確なイメージが浮かぶことと思います。

　　私には夢がある。それは、いつの日か、この国が立ち上がり、その信念の真の意味を完全に生かし、「すべての人間は神のもとに平等である」との真理を自明の理とする。
　　私には夢がある。いつの日か、ジョージアの赤い丘で、かつての奴隷の息子たちと、かつての主人の息子たちが共に兄弟として腰をおろす。
　　私には夢がある。いつの日か、ミシシッピ州でさえ、その不正の荒々しい炎と抑圧とに焼き尽くされた大地が、生まれ変わり、自由と正義のオアシスとなる。
　　私には夢がある。私の4人の幼い子供たちが住む国では、いつの日か、肌の色で判断されるのではなく、その人間性によって評価されることを、ここで夢見ている。今こそ自由よ、鳴り響け、ニューハンプシャーの大いなる丘から。
　　自由よ、鳴り響け、ニューヨークの雄大な山々から。
　　自由よ、鳴り響け、ペンシルバニアにそびえるアレゲニーの山々から。
　　自由よ、鳴り響け、コロラドの雪をかぶったロッキー山脈から。
　　自由よ、鳴り響け、カリフォルニアの美しい丘から。それだけでなく、
　　自由よ、鳴り響け、ジョージアのストーンマウンテンから。
　　自由よ、鳴り響け、テネシーのルックアウトマウンテンから。
　　自由よ、鳴り響け、ミシシッピの丘やモグラ塚から、あらゆる山々の中腹から。
　　自由よ、鳴り響け、そしてその時、私たちが、自由の音を鳴り響かせる時、自由の音をすべての村から、すべての部落から、すべての州から、すべての町から、鳴り響かせる時、私たちは歩みを速め、その日を迎える。
　　黒人も白人も、ユダヤ教徒もキリスト教徒も、プロテスタントもカトリックも、すべての人々が手を取り合って黒人霊歌を歌う。
　　「ついに自由！　ついに自由だ！　おお、神よ、感謝します。ついに自由となったのだ！」

湧きあがってくる健全な違和感を大切にする

　実現への道筋も見えない夢をいつまでも追い続けるのは、膨大なエネルギーを消費します。よく「今の自分は本当の自分ではない。どこかに本当の居場所があるはずだ」と口にする人がいますが、これは夢を追っているようでいて、実は今の自分を否定しているにすぎません。
「こんなはずではない」という不安な状態が長く続けば、心身ともに疲れ果ててしまいます。今の自分に不満を抱いたまま荒唐無稽な夢を見続けても事態は好転しません。
　そうではなく、日頃の業務に懸命になると、どこか違和感が生じるものです。その湧きあがる違和感を大切にあたため続け、業務に邁進していると、その違和感がビジョンに昇華することもあります。
　筆者が独立したきっかけは、そんな違和感からでした。経営コンサルタント会社で勤務していると、ある違和感が湧きあがり、日々、自分を突き動かしたのです。それは、営業活動をしていて、最終的なクロージングの段階になると、多くの経営者が「あなたの会社が指導してくれると、うちの会社はどれほどよくなるの？」と問われます。わたしは、多額を投資なさるのだから、このような質問は当然かなと思いつつ、「私どもがお手伝いできる内容は、すでにご説明いたしました。あとは社長が私どもを、どう活かしていただけるか、それにかかっているかと思います」という返答にとどめました。
　その回答が曖昧なのでしょう、なかなか受注に結びつきません。営業先はたくさんあり、営業は

小さな"不"を見逃すな

不便　不信
不満　　　　不親切
　　　不十分　不備
不服　不平　　　　　不本意　不同
　　　　　不自由　不平等
不合理　不良　　　　　　　不在　不詳
　　　　　　不快　不明
不要　不安　　　　　　　　不運　不可決
　　　　　　不正　不注意
不調和　不足　　　　　　　不意　不行届
　　　　　　不明確　不手際
　　　不公平　　　　　　　不遜
　　　　　不用　不完全

大好きですから、あとはクロージングするだけという段階のクライアント候補はリストに満載です。

　成績のよい仲間は、先の経営者からの質問に対し、「任せておいてください。私どもがお手伝いさせていただければ、御社の売り上げは劇的に伸びるはずです。同じような企業の事例では、○○……」「風土が社長の想像以上によくなるに違いありません。必ずやご期待にお応えできます」などなど。

　まるで、経営者が経営をせず、コンサルタントに任せてしまうことを促しているようです。支援する業界を知り尽くしているのは経営者をはじめ、そこで働く社員の方なのに、まるで経営者を他律にし、依存させてしまうのです。本来、経営コンサルタントというのは、経営者をはじめ、社員の方々が自律的に活躍されることをサポートするべきなのに……。

　それから、筆者は20年前、経営カウンサルタントと名乗って、独立しました。カウンセリングが先で、必要があれば、コンサルティングを。指示するのではなく支持する、答えるのではなく応える、そんなキャッチコピーを掲げ独立・開業しました。数年後、コーチングの概念がアメリカから輸入され、まるでわたしの経営カウンサルタントだと驚いたことを、今懐かしく思い出します。

　筆者の事例が健全な違和感といえるか、当時まったく逃げはなかったといえば嘘になりますが、参考として記載させていただきました。

第6章

"WILL" 強い意志をもって未来を拓く

ワーク ❶

仲間によるブレスト会議

ワークのねらい

① ビジョンを熱く語り終わったら、次は、あなたのビジョンを実現するためのアイデアを集めるために、仲間にブレスト会議を開いてもらいます。自由（無責任）にアイデアを語ってもらうことで、先入観や制約から開放できる可能性があります。

② 多くのアイデアをメンバーからプレゼントしてもらえ、最初の一歩へのモチベーションが高まります。

③ 仲間への自由なアイデア出しは、アイデアを出すほうにも、自分のビジョンの実現に活かせたり、ヒントになるアイデアが入り混ざったりします。相手のためでありながら、自分のためでもあるのです。

進め方

① シート「仲間によるブレスト会議」の中央に、各自、自分のキャリア・ビジョンを書き写します。次の手順でひとりずつはじめます。トップバッターは、自分のビジョンを発表したら、シート「仲間によるブレスト会議」にメモできる体制を整えます。アイデアをプレゼントするメンバーは、そのビジョン実現のための思いつく限りのアイデアをどんどん無責任かのように話し続けます。

② アイデアをもらう人は、似たようなアイデアは近くにメモをします。大きな概念のあとに、具体的な小さなアイデアを発言してくれたら、その下に描いたり、大きな概念を円で囲み、その円の中に小さなアイデアを書くなど、あとになって見やすい工夫をします。
　　　注：付箋を活用したり、マインド・マップを描いたり、アレンジはいろいろです。

〔アイデアをもらう人〕
「それはいいなぁ」「ちょっとそれは難しそう」「う〜ん可能かなぁ」などと評価してはいけません。しかめ面をしたり、軽蔑したような表情・態度も避けます。すべてをありがたく感謝の気持ちで受け取りながらメモを走らせます。アイデアを出した人が評価（採点）をされたり、恥ずかしい思いをしたりするようなことは慎みます。それが結果的にメンバー全員の想像力や発想力を削ぐことになるからです。ひょっとすると「そんなアイデアなんて」と思えるアイデアが、後々役立つこともありますし、思いもよらないアイデアこそ壁にぶつかったときの突破口になるかもしれません。

　筆者は、ときおり、アイデアをもらう人をメンバーと背中合わせにし、とにかく聞き入り、熱心にメモする構造をとります。案外、アイデアを語るメンバーは、そのほうが、自由に、そして、1つのアイデアにさらに便乗し、面白がって発言してくれるからです。アイデアを発想するには、リラックスが大切ですから、アイデアをもらう人を気にすることなく、まるで刑事ドラマのマジックミラー越しのように、いないかのような雰囲気のほうがかえって好ましいように思います。

〔アイデアをプレゼントするメンバー〕
「これをやるべきだ」「これを思いつかなきゃダメだよね」「こんなことはもうやっているかな？」など、まるで嫌味っぽい評論家のように、上から目線の言い方や自信なさそうに遠慮がちな表現は慎みます。このような態度では、聞き手の発想力や集中力を削いでしまいます。

　自由に楽しく、無責任かのように発言することです。もちろん、コンサルタントのような論理的な視点も歓迎しますが、無責任なほど自由な発想は大歓迎です。ポイントは、「〜へ行く」「〜にメールをする」「〜へアプローチする」というように、動作動詞だけで表現することです。動作動詞的な表現をすることで、より具体的なアクションに落とし込め、アイデアをもらう人は、すぐに動け、早期に成功体験を実感できることにつながります。

　また、ヒューマン・ネットワーク（人脈）へのアイデアも欠かさないように、人とのつながりの面にも無責任なアイデアを提示します。

③ 全員が終了したら、お互いに感謝を述べ、アクション・プランにいただいたアイデアを活かします。本書では、3種類の目標や計画に落とし込むシートを紹介します。
　　私たちは週末の買い出しの際、必要なものをすべて買って帰るために、買い物リストをつくります。リストをつくることによって、自分の求めたいものをはっきりさせ、買い忘れることがないようにリスク・マネジメントともなります。

Career Design

　私たちは、買い物にはリストを用意するのに、最も重要な人生(仕事人生)にリスト(目標や計画)をつくらないということはありえません。

仲間によるブレスト会議

年間目標・計画管理表

作成日： 年 月 日

	1 カ月 （ ）月	2 カ月 （ ）月	3 カ月 （ ）月								
アクション・プラン											
1年間の目標											

アクション・プラン

期間	短期目標	具体的なアクション	誰を巻き込んで	チェック
1カ月	・・・・・	・・・・・	・・・・・	月 日 ○△× 月 日 ○△× 月 日 ○△× 月 日 ○△× 月 日 ○△×
3カ月	・・・・・	・・・・・	・・・・・	月 日 ○△× 月 日 ○△× 月 日 ○△× 月 日 ○△× 月 日 ○△×
6カ月	・・・・・	・・・・・	・・・・・	月 日 ○△× 月 日 ○△× 月 日 ○△× 月 日 ○△× 月 日 ○△×
9カ月	・・・・・	・・・・・	・・・・・	月 日 ○△× 月 日 ○△× 月 日 ○△× 月 日 ○△× 月 日 ○△×
12カ月	・・・・・	・・・・・	・・・・・	月 日 ○△× 月 日 ○△× 月 日 ○△× 月 日 ○△× 月 日 ○△×

未来を現在につなげる

未来のイメージ		GOAL	To Do	阻害要因	阻害要因への対策
	長期目標 年後 （　年　月　日）				
	中期目標 年後 （　年　月　日）				
	短期目標 年後 （　年　月　日）				

Career Design

ふりかえり&まとめ

　目標は嫌でも目に入るように、紙に書いて貼り出します。たとえば、５キロやせようというダイエットの目標を立てたら、５キロやせなければ着られない、でもとても着たい服を部屋の眼につきやすいところに置いておくのも１つの方法です。ゴール・イメージを「見える化」するのです。

　営業目標の場合に、達成した数値をグラフに表現する方法は、多くの会社で採用されています。順調に進んでいる場合には、これが励みになって、またがんばろうという気持ちが湧いてきます。

　しかし、この営業成績のグラフが見たくない状況もあるでしょう。そんなときには、自分なりの「裏グラフ」や「成功リスト」をつくることをお勧めします。つまり、まだ結果にはつながっていないけれども、「今月は何社訪問した」「お客様からこんな言葉をかけていただいた」というように、自分の心を励ますような情報をビジュアル化したものを自分でつくっておくのです。

　最終目標だけを見つめ続けるのではなく、日々の活動の中で、手応えとして感じられたことに目を向け、自分自身のモチベーションを維持する仕掛けをするのです。

「夢は見るものではなく、叶えるもの」
「夢は見ているだけではつまらない」
　　　　　　　　　　　　　　　　　　　　　　　　　　　　　　　　　（澤穂希）

目標設定の5つの条件

〔目標が具体的であること〕
　たとえば、「もう少しやせる」ではなく、「３か月後に２キロ減量する」。もう少しでは具体的ではありません。「次の資格試験もがんばる」ではなく、「次のカウンセリングの試験では、85点以上をとる」になります。

　目標が達成できたかどうか、自分で確認できることが大切なのです。クリアしたと確かめることができれば、自信ややる気につながります。また、達成できなかったときは、「なぜ達成できなかったのか」「次に達成するためにはどうすればよいか」を考える機会が得られます。

〔実行可能な目標であること〕
「すべての昇格試験で満点をとる」とか「１週間で20キロやせる」などは、達成へ向けての意欲が低下し、自分への言い訳を生むことになります。自分の能力や置かれた状況（時間的・資金的・能力的な制約）を考えて、実行可能な目標を立てることです。

〔適度の難しい目標であること〕
　がんばれば手が届く、ストレッチ目標を設定することが大切です。

ここで注意すべきは、「適度に難しい目標」と「実行可能な目標」との関係です。やさしい課題で失敗すると自分の能力が低いと思われがちなため、私たちは失敗しても言い訳しやすい難しい課題を選ぶことがあります。こうした行為を「セルフハンディキャッピング」といい、自尊心を守るためにある程度は必要ですが、行きすぎると成長が止まってします。簡単には達成できないけど、がんばれば達成できる、そうした目標が私たちの成長を促してくれるのです。

〔目標にコミットしていること〕
　自分で立てた目標が重要であると感じ、必ず達成するという気持ちを持っていることです。必要性や興味を持てるとき、私たちは目標へのコミットメントが高まります。
　私たちは他者との約束を守ることには懸命ですが、自分が自分とする約束はついつい破ってしまう傾向があります。そんな自分との約束を破ってばかりでは、自尊心が低下し、他者との約束にも悪影響が及びはじめます。
　自分との約束をしっかり守るためには、目標にコミットしていることが大前提です。
　また、必ずアクセルを踏める肯定的な表現にすることも大切です。「〜しないように」「〜を失敗しない」という表現は、行動にブレーキがかかり、動機も湧きあがりません。それよりも、「〜する」「〜したい」と、アクセルを踏もうとする（踏みたいと思える）表現にすることです。

〔短期と中期を区別すること〕
　達成までに時間がかかるような中長期目標ばかりでは、何から着手してよいかわかりにくいため、意欲（モチベーション）が長続きしません。自分のやる気を好循環するサイクルを自分で仕掛けるためには、短期と中期を区別して、設定することです。
　英語のSucceedという動詞には、2つの意味があります。名詞形にするとSuccess（成功）とSuccession（継承・継続）ということになりますが、「無理なく継続できる計画を立てる」ことが成功の鍵であり、最後まであきらめずに継続できた人だけが成功をつかむことができるのです。

目標設定の5つの条件

- 目標が具体的であること
- 実行可能な目標であること
- 適度に難しい目標であること
- 目標にコミットしていること
- 短期と中長期を区別すること

Career Design

チャンスは動いて待て

　大手チェーンストアのウォルマートの創業者サム・ウォルトンは、インタビューで次のように答えています。
　Q：ミスター・ウォルトン、あなたの成功の秘訣は何でしょう？
　A：「正しい判断だ」
　Q：では、どのようにして正しい決断を下すことができたのでしょう？
　A：「経験だね」
　Q：そうですか、ではどうやって経験を積んだのですか？
　A：「間違った決断を通して」

　エジソンは最初の電球をつくるまでに1万回の実験を重ねたといわれています。ある人が、そのことについてエジソンに尋ねました。「あなたは電球をつくるのに1万回も失敗されたそうですね」と。
　エジソンはこれに対し、「いや、わたしは1回だって失敗したことはありません。わたしはただうまくいかない9999回のやり方を発見したのです」と答えました。エジソンにとっては、うまくいかない方法も発見の対象だったのです。
　うまくいかないのがそのまま私たちの人生です。大切なことは、そこに踏みとどまってしまうか、次のステップを踏むかどうかにかかっています。
　変化をしようとすると、当然、不安がつきまといます。その不安を軽減するための1つの方法は、自分の中に不安とは反対の安心を増やすことです。その安心を増やすには、自分の得意分野（強み・長所）をしっかりと理解することです。得意分野ができると、それが自信（自分を信じる）となり、そこから新しいことへの動きが加速します。
　また、不安解消の王道は、できる限りの準備を整えて臨むことです。「やるだけのことはやった自分」への信頼感が力となり、気持ちが穏やかになります。自己信頼が力となって不安を負かしてくれます。もちろん、状況によってハプニングも起こりますが、しっかりと準備を整えておけば、そのようなハプニングさえも楽しむことができます。

ヨコとの比較からタテとの比較へ

　私たちの習慣病の1つに「ヨコとの比較」があります。がんばっている隣人に倣って、自分もがんばろうと思うことはあってもいいのですが、隣の青い芝生を恨めしく思い、競う現代病です。
　それに代えて、「タテの比較」をお勧めします。「タテの比較」とは、昨日に比べて今日、1カ月前に比べて今日、1年前の自分に比べて進歩しているかどうか、と考えてみることです。自分が安易な自己愛に打ち克って、達成してきたことに満足する。それこそ真の自己愛であり、よい意味の

プライドにつながっていきます。他人と比べてではなく、自分のライフヒストリーをタテに眺めたときに「あぁ、自分にもこんなことができる」「自分はこれだけのことをしてきた」という、自己効力感や達成感にもとづく自信が芽生えます。これは、次の挑戦のステップにつながっていく健全なものなのです。誤ったプライドとは、そこに「ヨコの比較」が入り込み、他人より優れているという優越感の混じった不健全な感情です。

継続性とクリティカル・マス

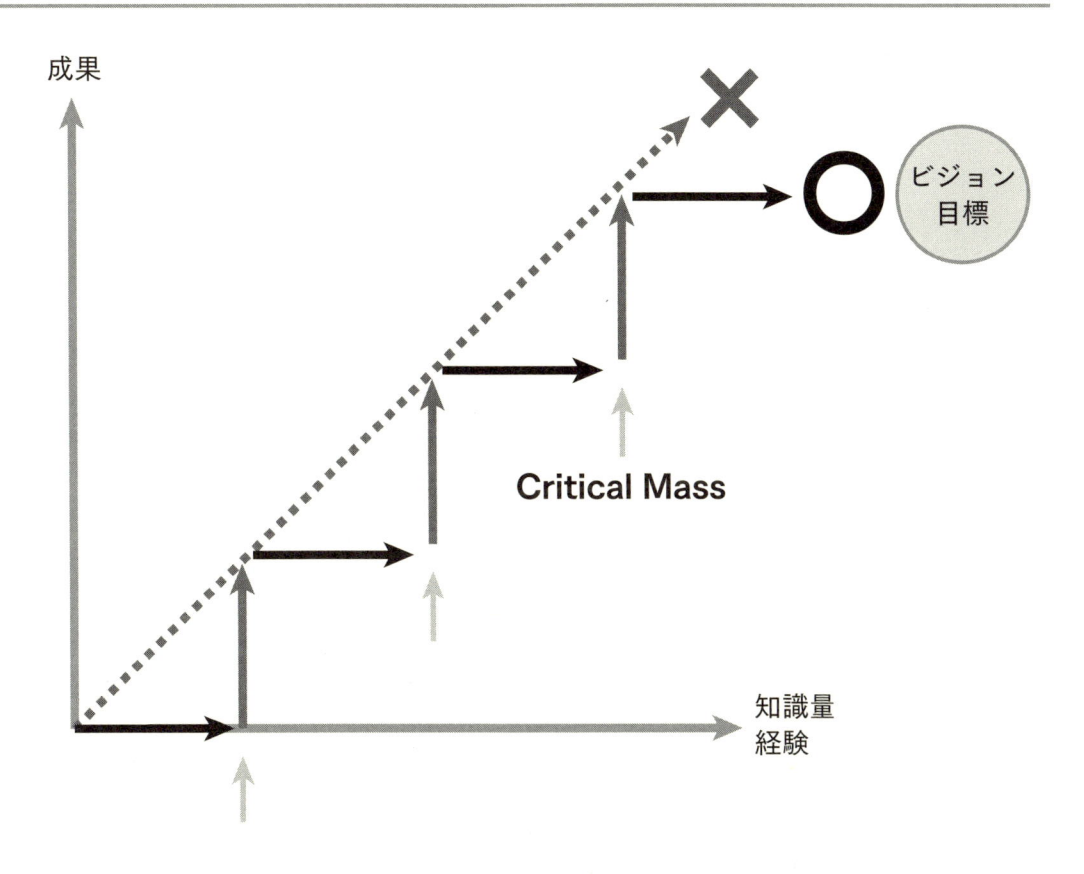

成果
Critical Mass
ビジョン
目標
知識量
経験

あなたは、逆上がりを、だんだんできるようになった人を知っていますか？

逆上がりなどは、懸命に練習を続け、努力を重ね、ある日突然できるようになります。このように、成果があらわれるまでに必要な知識量、練習、経験などの総量をCritical Mass（クリティカル・マス）といいます。

私たちの成長も逆上がりと同じで、成長をグラフで表すと階段状になります。努力を続けて、課題を乗り越えたときに成長するのです。一定量に達するまで進歩（成果）が見えにくいため、努力してもなかなか結果が出ず、途中で辞めてしまう人が大勢います。

たとえば、逆上がりができないから、縄跳びにしよう。縄跳びがうまく飛べないから水泳をしよう……などと、どんどんやることを変え、最終的には、自分に合うものが見つからず、自分探しに

明け暮れてしまうのです。

　クリティカル・マスを知っていれば、努力のしがいがあります。「結果はなかなか出ないけれど、これまでの努力を信じよう」などと、これまでの苦労や努力を認めながら、クリティカル・マスを待ち望んでください。

成功は成功の母

　自信はどこから生じるのでしょうか。自信とは、自分を信じるということですから、「やったらできた」という成功体験の繰り返しにより芽生えるのだろうと思います。そのため、自信を持たせる（持つ）ためには、「自信を持て」「自信を持とう」という言葉だけでは何ともなりません。「やればできた」という行動体験をどれだけ積み上げられるか、そして、"やればできる"という弾み車をどう回していくかが重要です。着実な進歩・向上を求めるのであれば、最初からハードルの高い課題にチャレンジしないことです。

　ある心理実験では、がんばったらできる実力よりも10％ほど高い目標を設定することでやる気が増すというデータを得ています。簡単なことから困難なことへと小刻みに取り組んでいき、小さな成功が「やればできた」という成功体験を生み、その繰り返しが「やればできる」という自信になるよう好循環を仕組むのです。

　「失敗は成功の母」という格言があり、筆者も賛成しますが、ときおり、失敗が何度も続くと自信をなくし、さらなる失敗を呼ぶ場合もあります。そうして、「失敗→自信喪失→より大きな失敗→より大きな自信喪失」という悪循環が繰り返されるのです。

> 「面白いことがひとつ増えれば、そして、やり遂げたことがひとつ増えればなおのこと、そのたびにあなたの生きる力が増す」
> 　　　　　　　　　　　　　　　　　　　　　　　　　　（ウィリアム・ライアン・フェルプス）

今日のWANTSは、明日へのプレゼント

　私たちは放っておくとモチベーションが下がるものです。そういうときには、それを上げるきっかけをつくることが必要です。

　自分がこれをやるとモチベーションが上がること、映画を観ることだったり、特定の友人と飲みに行くことだったり、何でもよいのです。自分なりのスランプ脱出法を持っておくことをお勧めします。

　さて、あなたのスランプ脱出法は何ですか？

　筆者のお勧めは、日常レベルのWANTSに、やすらぎを見つけたり、刺激を持ち込んだり、楽しむことを取り入れたりと、充実させるためのきっかけをプレゼントすることです。私たちは、将来

スランプ脱出法

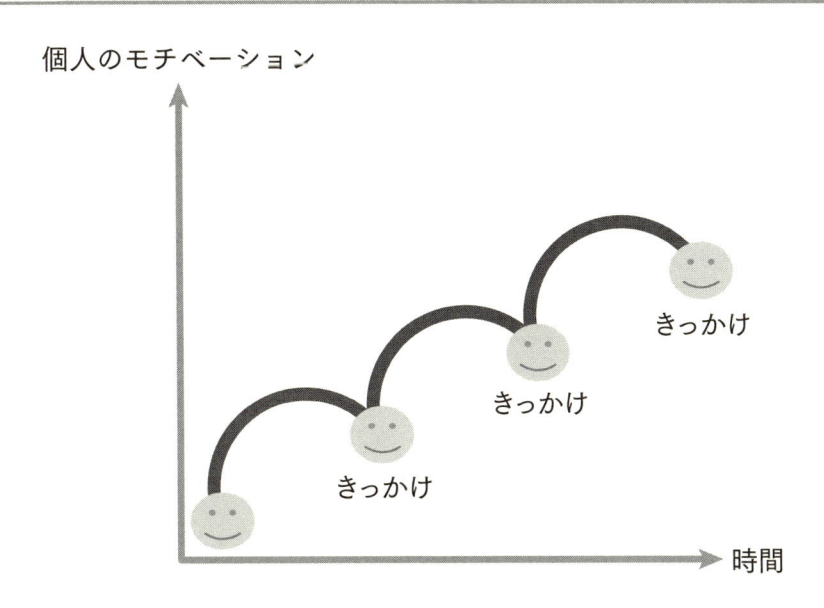

個人のモチベーション

きっかけ
きっかけ
きっかけ
きっかけ

時間

WANTSの連鎖

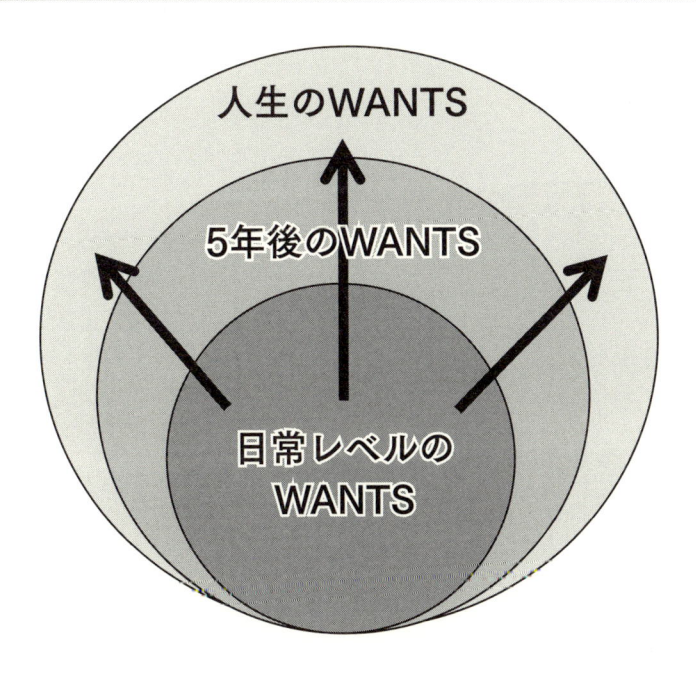

人生のWANTS
5年後のWANTS
日常レベルのWANTS

の目標やビジョンの実現のために、「今、ここ」に我慢を強いることが多いものです。しかし、日常レベルのWANTSと将来のWANTS（キャリア・ビジョン）が共に輝かないと、挫折したり、エネルギーが枯渇してしまいます。

ビジョンは他者に語る分だけ大きくなる

　夢やビジョンを描いたら、オープンマインドで多くの人たちに語ってください。ときおり、「だれかに真似されてしまう」「とっておきのビジョンだから内緒にしておきたい」などの声を聞きますが、それよりも、できる限り多くの人に語り、いろいろなアイデアやフィードバックをもらったほうが、メリットは多いでしょう。アイデアがより具現化するでしょうし、もっとよいアイデアを思いつくかもしれません。何よりも、多くの人に語れば語るほど退路を断て、覚悟が備わります。

　また、ビジョンは相手に語ることで、次々と鮮明になり、潜在能力（魔法の玉手箱）にインプットされます。

　さらに、ビジョンを多くの人に熱心に語ると、聞いた人が必要な人や情報を引きつけてくれます。「君のビジョンを実現するために、○○が役に立つかもしれないよ」「あなたのビジョンの実現のために、ぜひ、□□さんを紹介するよ」などと、ビジョンと「今、ここ」をつなげてくれるのです。

> 「ひとりで見る夢は、それは夢にしか過ぎない。しかし、みんなで見る夢は現実となる」
> 　　　　　　　　　　　　　　　　　　　　　　　　　　　　　　　（エドアルド・カレアーノ）
> 必要なのは「自分探し」ではなく「自分語り」

失敗は成功の母

　「成功というのは失敗を繰り返さなければ実現しないもの」です。弊所では、失敗は成功の反対ではなく、成功の反対は何もしないことだととらえています。ときおり、講師のひとりから「今度の新しい研修に、自信がありません」と言われることがあります。そんなとき、「やってもいないのだから、最初から自信があると主張するほうが不自然で高慢だと言えるよね。はじめてのテーマの研修だから、自信がないというのもわかるし当然だと思う。だからこそ、普段以上の準備をし、時間を投じることが大切だよね。十分に準備をし、精一杯がんばればそれでいい。仮に失敗したとしても、あとはわたしの責任だから」と返答しています。

　何もしなければ失敗もしない代わりに、自信が育まれず、そして、成功にも近づきません。何もしないよりも、失敗したほうが成功に近づくと思えば、最初の一歩を踏み出す勇気が湧いてきます。

　私たちは、失敗すれば必ず何かを学びます。しかし、何もやらなければ、悔いだけが残るだけなのです。

> 「この道を行けばどうなるものか　危ぶむことなかれ　危ぶめば道はなし
> 　踏み出せばその一足が道となる　迷わず行けよ　行けばわかるさ」
> 　　　　　　　　　　　　　　　　　　　　　　　　　　　　　　　　　　　　（一休和尚）

> 「成功とは一つの失敗から次の失敗まで、熱意を失わずに保ち続けられる能力のことだ」
> （ウインストン・チャーチル）
>
> 「失敗することを恐れるよりも、真剣でないことを恐れたい」
> （松下幸之助）
>
> 「成功とは99％の失敗に支えられた１％である」
> 「やってみなければわからない。成功する確率が高いからやるのではなく、やってみなければ結果がわからないからやる」
> 「石橋を叩かず渡れ、叩く暇があったらさっさと渡ってしまえ。慎重すぎると何もできない」
> （本田宗一郎）
>
> 「人間にとって転んだことは恥ずかしいことではない。起き上がろうとしないことを恥ずべきだ」
> （三浦綾子）
>
> 「あきらめたら終わり。できないと思ったらできない。自分が敗北を認めない限り敗北はない」
> （ヘレン・ケラー）
>
> 「愚かな者は人の失敗を見て笑い　賢き者は人の失敗を見て学ぶ」

風景を楽しみながら旅をする

　キャリアを旅行にたとえると、地図を持ちながらまわりの風景を味わいつつ旅行を楽しむことです。

　旅行の行き帰りでは、窓からの景色を楽しんだり、通り過ぎた風景をふりかえったりします。旅行と同じように、キャリアも前ばかりでなく後ろをふりかえったりすることも時には必要です。まっしぐらに目的地に進むだけの旅行では、過程の楽しさを語る「物語」は生まれません。

　最短距離で効率よく希望するキャリア・ビジョンを獲得した人は精緻な地図を持っている可能性がありますが、他者に語ることのできる物語を持っているとは限りません。

　サポーターを得るには、語ることのできる物語が大切になります。物語の深みと幅が周囲の共感を生み、その人間的な魅力が仲間を惹きつけます。

　スピードの時代という現代は、地図を見ることに血眼になり、「物語」の大切な要素に気づかない、気づこうとしない危険性を孕んでいる時代でもあります。

　さぁ、道草を楽しみながら、あなたらしい旅に出かけてください。

あとがき

『会社は働く人が幸せになるところ』

　会社の元気はつまるところ、その会社の中にいる個人個人の元気と、その元気の連なり・共振から形成されています。個がしなやかでなく、組織がしなやかであることは難しく、個人の元気や柔軟さが、組織の元気や機動性の源となります。
　多少わがままに見えても、個人の元気が会社の元気を生み出し、多少厳しくとも、会社の元気が個人の元気の源となります。
　キャリアデザインは、個人を対象とするものですが、会社の元気にかかわってきます。ビジョンを抱き邁進する元気な個人がいれば、組織も元気になり、組織が元気になれば、個人もさらに元気づきます。そんな好循環を定着できれば、との想いを抱きながら研修を担当させていただいています。

　キャリアの転換における本質的な困難は、自分の外にあるのではなく、自分の内にあります。「変わりたくない」「変わらなくても大丈夫」という心性にあります。「変わらない」という一見安全な選択こそ、実は最もリスクの高い選択であることを忘れてはなりません。
　走りながら、小さな成功という扉に出会って、その扉をどんどん開いていきましょう！

　読者の皆様にお礼申し上げます。拙い文章にもかかわらず、ここまで読み進めてくださり、ありがとうございました。

あとがき

　本書は、金子書房の元編集部部長、渡邊一久様のお声かけから実現しました。筆者が独立時に『ライフデザイン研究所』と屋号を名づけたのは、ご縁のある方の「人生設計」のほんの少しでもお役に立ちたいという想いからでした。その想いを20年間あたためて参りましたが、渡邊一久様がその想いを汲み取ってくださり、出版へこぎつけることができました。
　そして、素晴らしい出来栄えに仕上げてくださった編集部長の井上誠様、そのほか、さまざまな方々の支えで本書ができました。心より感謝申し上げます。

　また、恩師である岡野嘉宏先生との出会いが私のキャリアを導いてくださいました。よき師との出逢いに心から感謝申し上げます。
　ともに暮らす重度障害の父（畔柳光春）は、「男は仕事ができてなんぼ」という人です。自宅で執筆中、自分でできることはなるべく自分で行い、負担をかけないようにと配慮と気概を届けてくれました。紙面をお借りして、「ありがとう」。妻のサポートにもただただ感謝のひと言です。

　本書の最後に、筆者が仕事上で意識している、自分に言い聞かせているメッセージを紹介させていただき、あとがきに代えさせていただきます。
　「仕事にやりがいがあるかどうかではなく、『やりがいのある仕事にする！』ことが主体的な仕事の仕方。将来はなるようになるのではなく、『するようになる！』『なるようにする！』」

ライフデザイン研究所

畔柳　修
（くろやなぎ　おさむ）

参考図書

- アンドリュー・マシューズ（著）田吉由芽（訳）『人生の愉しみと成功　5つの決心─「自己成長」のために、今すぐできること！』（三笠書房、1997）
- シェリル・ギルマン（著）ニキリンコ（訳）『「これだ！」と思える仕事に出会うには』（花風社、2001）
- ジョン・C・マクスウェル（著）齋藤孝（訳）『夢を実現する戦略ノート』（三笠書房、2005）
- ジョシュア・ハルバースタム（著）桜田直美（訳）『人は仕事を通じて幸福になる』（ディスカヴァー・トゥエンティワン、2003）
- 金井壽宏（著）『働くひとのためのキャリア・デザイン』（PHP新書、2002）
- リンダ・グラットン（著）池村千秋（訳）『ワーク・シフト─孤独と貧困から自由になる働き方の未来図〈2025〉』（プレジデント社、2012）
- マーク・サンボーン（著）池田真紀子（訳）『フレッドが教えてくれた仕事でいちばん大切なこと』（ソフトバンクパブリッシング、2005）
- 村山昇（著）『「ピカソ」のキャリア「ゆでカエル」のキャリア』（すばる舎、2003）
- 村山昇（著）『"働く"をじっくりみつめなおすための18講義─よりよく働くための原理・原則』（クロスメディアパブリッシング、2007）
- 中島孝志（著）『最高の自分の見つけ方─本当にやりたいことがわかるワークブック』（マガジンハウス、2009）
- 野津卓也（著）『キャリアノートで会社を辞めても一生困らない人になる』（東洋経済新報社、2010）
- リチャード・H・モリタ（著）『オイラの法則─とびきりの成功法則』（イーハトーヴフロンティア、2004）
- リチャード・H・モリタ／ケン・シェルトン（著）『新装版マイ・ゴール　これだっ！という「目標」を見つける本』（イーハトーヴフロンティア、2005）
- 杉村芳美（著）『「良い仕事」の思想－新しい仕事倫理のために』（中公新書、1997）
- 寿山泰二（著）『ハッピー・キャリアデザイン─心豊かに生きるための思考・行動・感情』（三恵社、2008）
- 鈴木義幸（著）『リーダーが身につけたい25のこと』（ディスカヴァー・トゥエンティワン、2009）
- 田坂広志（著）『仕事の思想─なぜ我々は働くのか』（PHP文庫、2003）
- 鶴岡秀子（著）『人生を変える！　夢の設計図の描き方─1年後に「自分らしい生き方」ができる方法』（フォレスト出版、2009）
- 谷内篤博（著）『働く意味とキャリア形成』（勁草書房、2007）
- 山本直人（著）『グッドキャリア─キャリアがブランドになる時』（東洋経済新報社、2004）
- 芳村思風（著）『人間の格　新装改訂版』（致知出版社、2011）

[執筆協力]

石川 貴子（いしかわ たかこ）

『ライフデザイン研究所』講師ファシリテーター、
キャリア・カウンセラー、産業カウンセラー

大学卒業後、大手鉄道会社、航空会社で接客業務を経て、長期にわたり人材育成に携わる。
社内専任講師として接遇研修、専門知識研修、階層別研修を担当し、専門能力および接客応対向上に貢献した後、人材コンサルタント＆キャリア・カウンセラーとして独立。
現在、ライフデザイン研究所の講師ファシリテーターとして、キャリアデザイン、CSホスピタリティ、マナー接遇、メンタルヘルス、コミュニケーション（コーチング、積極的傾聴、TA交流分析、アサーティブなど）などのテーマに関する企業研修を中心に活動している。
大学や専門学校では、キャリア・カウンセリング、キャリア講義・面接対策講義、面接指導、マナー立居振舞指導などを行っている。
特にキャリアに関するテーマは、女性のためのキャリア開発などの依頼も多く、キャリアデザインをライフワークとしてとらえ、精力的に活動している。また、サービス業界や医療業界などから、ミステリーショッパー（覆面調査）や接遇OJTの依頼が多く、好評を博している。

本文イラスト——寺崎愛
本文DTP——桜井淳

著者プロフィール

畔柳 修（くろやなぎ おさむ）
『ライフデザイン研究所』 所長

1965年1月愛知県生まれ。
大学卒業後、広告代理店、経営コンサルタント会社を経て『ライフデザイン研究所』を設立。独立以前より、行動科学、Transactional Analysis、ゲシュタルト療法、ポジティブ心理学、認知行動療法、ブリーフ・セラピー、システムズ・アプローチ、アサーティブなどを精力的に学び、人材開発や組織開発に応用し続けている。

ライフデザイン研究所では、『経営コンサルティング／組織開発』『人材開発／研修セミナー』を軸に、『個人の輝きと職場の活性化』の実現に向けて、精力的に活動している。

『経営コンサルティング／組織開発』では、ポジティブアプローチによる組織の活性化を支援。企業理念、経営ビジョン、戦略的中期経営計画などの策定や人事制度の構築など、人と仕組みの両面からアプローチし続けている。エグゼクティブのためのコーチングやカウンセリングの依頼も多いため、後継者やリーダーの育成も担っている。最近では、これまでの人事コンサルティングの実績を評価いただき、中堅中小企業の人事部門のアウトソーシングの依頼が多い。人材開発／研修セミナーの企画から実施・フォロー、人事考課の策定・浸透、採用面接の支援など、トータルに人事面を運用・支援している。

『人材開発／研修セミナー』では、キャリアデザイン／リーダーシップ／レジリエンス／ポジティブ心理学／Transactional Analysis（交流分析）／メンタル・コーチング／モチベーション／戦略思考／ソリューション・フォーカス／NLP／アサーティブ／階層別研修など数多くのテーマを、クライアントのニーズに応じて提供している。また、毎月のように講師の方から、スキルアップの要望が多く寄せられるため、講師の育成にも携わっている。そこでは、自身のノウハウを提供しながら、マンツーマンによるトレーニングやコーチングなどを行っている。

【著　書】
『ライフキャリアデザイン研修　実践ワーク集―リーダー層が輝く働き方・生き方設計』（金子書房）、『職場に活かす　TA実践ワーク―人材育成、企業研修のための25のワーク』（金子書房）、『メンタルヘルスに活かす　TA実践ワーク』（金子書房）、『メンタルヘルス実践ワーク―生産性と人間性を織り成す企業づくり』（金子書房）、『最新版「言いたいことが言えない人」のための本―ビジネスではアサーティブに話そう！』（同文舘出版）、『上司・リーダーのためのメンタルヘルス―うつにならない職場づくり』（同文舘出版）、『聴き方教室』(Kindle)、『リスニング・リーダー』(Kindle)、『幸せサプリ―幸せな習慣づくり』(Kindle)、『キャリアの成幸者―新しい眼で自分を見つめ直す』(Kindle)、『アサーティブ・エクササイズ』(Kindle)、『ストレスサプリ―あなたがあなたでいるために』(Kindle)、『わたしもOK あなたもOK―アサーティブな自分づくり』(Kindle)、『わたしもOK あなたもOK―アサーティブな関係づくり』(Kindle)、『マインドフルに生きるPart 1―TA（交流分析）による"いまここ"の気づき』(Kindle)、『マインドフルに生きるPart 2―TA（交流分析）による"いまここ"の気づき』(Kindle)、『コミュニケーション基本の"き"』(Kindle)、『こころの健康ワークブック―ストレスと上手につき合う認知行動心理学』（PHP研究所）、『気分爽快！ストレス知らずハンドブック』（PHP研究所）、『アサーティブ仕事術―気持ちが伝わる！意見が通る！』（PHP研究所）、『新版TEG Ⅱ　活用事例集』（共著 金子書房）など多数。

コンサルティングやコーチング、講演＆研修セミナーなど、ぜひお気軽にお問い合わせください。
お問い合わせ先：info@lifedesign.institutem
『ライフデザイン研究所』http://lifedesign.institute

キャリアデザイン研修　実践ワークブック
――若手・中堅社員の成長のために

2013年10月31日　初版第1刷発行
2021年 1月16日　初版第4刷発行

著　者　畔柳　修
発行者　金子紀子
発行所　株式会社　金子書房
　　　　〒112-0012　東京都文京区大塚3-3-7
　　　　電話　03(3941)0111(代)　FAX　03(3941)0163
　　　　振替　00180-9-103376
　　　　ホームページ　https://www.kanekoshobo.co.jp
印刷　藤原印刷株式会社　　製本　一色製本株式会社

©Osamu Kuroyanagi 2013
ISBN978-4-7608-2381-9　C3034
Printed in Japan